AF599735

# 100 EJERCICIOS EN C# PARA UNITY

## CÓMO MEJORAR TU KUNGFÚ

## 2ª Edición

JORGE GARCÍA COLMENAR

**100 ejercicios en C# para Unity.**
**Cómo mejorar tu Kungfú. 2ª Edición**

Autor: Jorge García Colmenar

Diseño de cubierta: Martín Ángel Rodríguez Molina

Maquetador: Carlos Benita Rodríguez

Editor: Jacobo Feijóo

Correctores: Jacobo Feijóo / Natalia Herraiz Troncoso

Edita:
© FUNDACIÓN CONFEMETAL
Príncipe de Vergara, 74 – 28006 Madrid
Tel.: 917.823.630
editorial@fundacionconfemetal.es
www.fundacionconfemetal.com

ISBN: 978-84-16671-78-6
Depósito Legal: M-5021-2024

Si quiere información acerca de nuestras publicaciones, visítenos en:

**www.fundacionconfemetal.com**

o escríbanos a:

**editorial@fundacionconfemetal.es**

Síganos en:

 Fundación Confemetal

 @FCONFEMETAL

 Fundación Confemetal

ÍNDICE



---

**PRIMERA PARTE**

---

## SEGUNDA PARTE

---

## TERCERA PARTE

---

---

## CUARTA PARTE

---

---

## QUINTA PARTE

---

## SOBRE EL AUTOR

Jorge García Colmenar ha trabajado como programador en importantes empresas (RD Sistemas, Grupo ZED, etc.), implementando bases de datos y algoritmos para juegos por SMS. Además, como autónomo, desarrolló aplicaciones y videojuegos de *smartphone* para clientes como José Luis Moreno o las Hermanas Hospitalarias.

Desde 2013 ha estado permanentemente formando en el desarrollo de videojuegos, habiendo sido profesor y coordinador de grado en escuelas como CES o Alfonso X el Sabio, e impartiendo cursos de formación para ADECCO. Principalmente enseña las asignaturas de programación y diseño de videojuegos, aunque también ha desarrollado conferencias y seminarios en diversos eventos como el Madrid Games Week, Valencia Indie Summit o ESADA.

Jorge es el desarrollador principal de cKolmos Narrative, un estudio *indie* de videojuegos, con el que ha publicado juegos comerciales en ocho idiomas y en plataformas como PlayStation, Nintendo Switch o XBOX, además de haberlo hecho en tiendas de juegos como Steam o Meta Quest, incluyendo juegos de realidad virtual.

Entre sus aficiones está la pasión por el go, un juego muy relacionado con la inteligencia artificial, tema de su interés y en el que tiene estudios de máster por la UNIR.

# INTRODUCCIÓN

Estimado estudiante:

Me complace presentarte ***100 ejercicios en C# para Unity***. Este libro es una recopilación esencial de ejercicios para aquellos que desean mejorar sus habilidades en la programación de videojuegos utilizando el lenguaje de programación C# y el *software* Unity.

Como profesor de programación y desarrollo de videojuegos, he tenido la oportunidad de enseñar a muchos jóvenes creadores a lo largo de los años. Muchos de mis estudiantes han expresado interés en mejorar sus habilidades en la programación de videojuegos, pero no saben por dónde empezar o se pierden en el bosque de manuales de C# no específicos.

Durante años he ido creando y probando ejercicios para mis clases. En este libro he recopilado los más eficaces y divertidos y he descartado los aburridos o los que son excesivamente complejos. Están diseñados para ayudar de manera sistemática y eficaz a los nuevos desarrolladores a mejorar sus habilidades de programación de videojuegos en C# y Unity.

El libro presenta una serie de ejercicios que abarcan una amplia gama de conceptos, desde la creación de objetos en la escena hasta la implementación de mecánicas de juego complejas.

Gracias a los ejercicios, tendrás la oportunidad de aplicar los conceptos teóricos que hayas aprendido a la creación de juegos en Unity, mejorando así tus habilidades en la programación de videojuegos y tu capacidad para crear juegos emocionantes y dinámicos.

Mi objetivo es proporcionar una guía **práctica** y **efectiva** para mejorar tu kungfú en la programación de videojuegos porque, para mí, la programación de videojuegos es como un arte marcial. Descubrir, aprender y practicar cada técnica sirve para comprendernos mejor a nosotros mismos y para realizar proezas asombrosas.

Pero antes son precisos dos matices...

## Cómo no usar este libro

*100 ejercicios en C# para Unity* no es un manual de programación ni un curso para empezar a programar. Necesitarás aprender los conceptos teóricos por tu cuenta antes de comenzar con este libro. Sin embargo, la información está estructurada para que puedas usarlo a la vez que estudias programación. No he dudado en incluir un montón de explicaciones ni tampoco en repasar conceptos que seguramente hayas estudiado, o que quizá no conozcas aún. Pero la información está estructurada con base en los ejercicios que, aunque siguen un orden parecido a aquel en el que se estudia el código, pueden variar mucho. Consulta las secciones y el índice para saber cuáles son los ejercicios más apropiados para ti y altera el orden como creas conveniente. Si tienes dudas, sigue el orden del índice, ya que está pensado para un aprendizaje con dificultad progresiva.

## ¿Cómo usar este libro?

Este libro se estructura en un listado de ejercicios, cada uno de ellos con la manera de llegar a su solución paso a paso y con comentarios sobre el método utilizado. La mejor forma de abordarlos es leer el enunciado y tratar de resolver el ejercicio en Unity. Los ejercicios están diseñados para que sea indiferente la versión de Unity que uses. Cada uno tiene un tiempo estimado de resolución.

Se da por hecho que no sepas resolver el ejercicio sin buscar documentación en la que apoyarte. Una recomendación que puedo hacerte es que, si no tienes ni idea de por dónde comenzar a resolverlo, lo dividas en partes pequeñas y comiences a solucionar lo que puedas. No tengas miedo de buscar respuestas en internet, mirar la documentación de C# y Unity, etc. De lo que se trata es de aprender y mejorar.

Es muy importante que no te frustres si no consigues resolver un ejercicio. Lo principal es que trates de solucionarlo por tu cuenta, sin mirar la respuesta antes de que se consuma todo el tiempo asignado. Gasta todo el tiempo del ejercicio en pensar formas de abordar el problema e investigar alternativas. Cuando el tiempo acabe, tanto si lo has conseguido como si no, aplica la solución ofrecida y compárala con la tuya. Esta es la mejor forma de aprender a programar videojuegos. Si es doloroso o agobiante, piensa en el esfuerzo que le llevó a Son Goku, Aang o a la novia de Kill Bill mejorar sus habilidades, y nunca te des por vencido.

## Apunte para profesores

Si eres profesor de programación y usas Unity, espero que encuentres en este libro una ayuda para tus clases. Diseñar y probar buenos ejercicios, como sabes, es un trabajo arduo y poco reconocido. Con este compendio podrás diseñar rutas de aprendizaje en tus clases o sorprender a tus alumnos con problemas que no se esperan. Muchos ejercicios plantean una forma básica en sus soluciones, pensada para desarrolladores que aprenden y no para *seniors* con muchas horas de vuelo, por lo que, en ocasiones, si hay una forma más eficiente pero más compleja de resolver el ejercicio, se menciona, pero no se profundiza en ella.

¡Vamos a empezar!

# PRIMERA PARTE

En esta primera parte nos centraremos en los ejercicios más básicos para acostumbrarnos al uso de dos programas: el editor de código y el motor de videojuegos. El **editor de código** es el *software* donde escribimos nuestros *scripts*. El **motor de videojuegos** es donde se renderizan los gráficos y se ejecutan estos *scripts* para conseguir funcionalidad. Nuestro motor de videojuegos será **Unity** y nuestro editor de código podría ser cualquiera, hasta un bloc de notas, ya que el código no es más que texto.

Es importante destacar que el entorno de desarrollo integrado (IDE, por sus siglas en inglés) **Visual Studio** tiene integración con Unity y se instala a la vez, por lo que es el más usado como editor de código. Su resaltado de sintaxis y ayudas al programador son muy apreciadas y mejoran el tiempo de desarrollo, facilitando mucho el proceso de trabajo.

NOTAS

(puedes tomar anotaciones aquí)

## CIEN EJERCICIOS BÁSICOS DE PROGRAMACIÓN

Vamos a comenzar con un calentamiento. Los ejercicios listados a continuación solo requieren el uso de un editor de código asociado a Unity, que en tus clases de programación te habrán enseñado a utilizar.

Cada uno de los siguientes diez ejercicios puede hacerse en un *script* independiente, asociado a un objeto cualquiera de la escena de Unity. No vamos a usar aún ningún componente ni nada relacionado con videojuegos, simplemente vamos a practicar un poco con el código. Ten localizada la consola de Unity para ver los resultados de los ejercicios y comprobar si todo ha ido bien.

NOTAS

La dificultad de este calentamiento es **incremental**, siendo los primeros ejercicios muy fáciles y los últimos, algo más complejos. El ejercicio 10 es el jefe de área. Si crees que ya dominas bien la programación en C# puedes tratar de resolverlo y saltarte los nueve primeros, pero si fallas deberás comenzar desde el principio. ¡Nada de trampas!

## 1. Crea una nueva variable llamada `velocidad` y asígnale el valor de `5.0F`. Imprime su valor por consola.

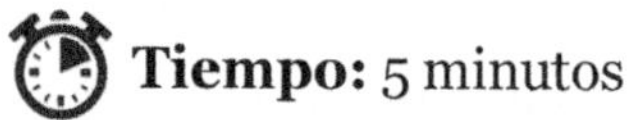

**Tiempo:** 5 minutos

```
using UnityEngine;
public class EjemploVelocidad : MonoBehaviour
{
  //  Declaración de la variable velocidad con valor
  //  inicial de 5.0F
  public float velocidad = 5.0F;

  void Start()
  {
    //  Imprime por consola el valor de la variable
    //  velocidad
    Debug.Log("La velocidad es: " + velocidad);
  }
}
```

Este *script* en C# para Unity comienza importando el espacio de nombres `UnityEngine`, esencial para acceder a las funciones específicas del motor de juego. La clase `EjemploVelocidad` se declara heredando de `MonoBehaviour`, lo que permite que nuestro código pueda utilizar la funcionalidad de la librería de Unity.

NOTAS

Dentro de la clase, declaramos una variable pública llamada `velocidad` con un valor inicial de `5.0F`. Las variables marcadas como públicas se pueden ver en el inspector de Unity y permiten modificar sus valores iniciales.

El método `Start()` se emplea para ejecutar código al inicio del juego. En este caso, utilizamos `Debug.Log` para imprimir en la consola un mensaje informativo que incluye el valor de la variable. Esto sirve para depurar el código durante el desarrollo del juego, encontrar *bugs* o revisar el comportamiento del *script*, aunque un método más avanzado implicaría el uso de depuradores integrados en IDE como **Visual Studio**.

El código está estructurado de forma que la declaración de variables se encuentra al inicio de la clase, antes de la definición del método `Start()`.

## 2. Utiliza dos variables públicas de tipo `float` para mostrar por consola sus valores sumados, restados, multiplicados y divididos.

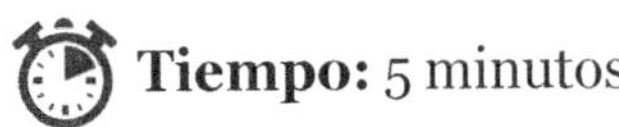

**Tiempo:** 5 minutos

```
using UnityEngine;
public class OperacionesMatematicas : MonoBehaviour
{
  // Dos variables públicas de tipo float
  public float numero1 = 10.0F;
  public float numero2 = 5.0F;

  void Start()
  {
    // Operación de suma
    float suma = numero1 + numero2;
    Debug.Log("Suma: " + suma);
```

NOTAS

```
            // Operación de resta
            float resta = numero1 - numero2;
            Debug.Log("Resta: " + resta);
            // Operación de multiplicación
            float multiplicacion = numero1 * numero2;
            Debug.Log("Multiplicación: " + multiplicacion);
            // Operación de división (evitando división
            // entre cero)
            if (numero2 != 0)
            {
                float division = numero1 / numero2;
                Debug.Log("División: " + division);
            }
            else
            {
                Debug.Log("No se puede dividir entre cero.");
            }
        }
    }
```

Estamos usando dos variables públicas de tipo `float`: `numero1` y `numero2`. Las variables de este tipo están pensadas para hacer operaciones matemáticas en coma flotante (con decimales).

Luego, para cada una de las operaciones que queremos hacer, declaramos una nueva variable float que almacenará el resultado.

La primera operación es la suma, donde las dos variables se suman y su resultado se guarda en la variable `suma`.

A continuación, se ejecuta la operación de resta, donde el valor de `numero2` es restado de `numero1`. El resultado se almacena en la variable `resta`, y se imprime en la consola el mensaje «Resta: [resultado de la resta]».

NOTAS

Posteriormente, se lleva a cabo la operación de multiplicación, donde los valores de `numero1` y `numero2` se multiplican entre sí. El resultado se almacena en la variable `multiplicacion`, y se imprime en la consola el mensaje «Multiplicación: [resultado de la multiplicación]».

Finalmente, se aborda la operación de división. Antes de realizar la división, se verifica si `numero2` es diferente de cero para evitar divisiones entre cero. En caso afirmativo, se procede con la operación y el resultado se almacena en la variable `division`. Se imprime en la consola el mensaje «División: [resultado de la división]». Si `numero2` es cero, se imprime el mensaje «No se puede dividir entre cero».

### 3. Crea dos variables privadas de tipo `string`, concaténalas y muestra el resultado por consola.

**Tiempo:** 5 minutos

```
using UnityEngine;
public class ConcatenacionStrings : MonoBehaviour
{
    // Dos variables privadas de tipo string
    private string cadena1 = "Hola, ";
    private string cadena2 = "mundo!";
    void Start()
    {
        // Operación de concatenación
        string resultadoConcatenacion = cadena1 +
        cadena2;
        // Muestra el resultado por consola
        Debug.Log(resultadoConcatenacion);
    }
}
```

NOTAS

En este caso declaramos dos variables de tipo `string`: `cadena1` y `cadena2`. Al ser privadas, estas variables solo son accesibles dentro del ámbito de la clase en la que se definen. Asignamos algo de texto a cada variable.

A continuación realizamos la operación de concatenación, donde se combinan los valores de `cadena1` y `cadena2` en una nueva variable llamada `resultadoConcatenacion`. Esta variable ahora contiene la unión de ambas cadenas de texto.

Finalmente, utilizando `Debug.Log`, imprimimos en la consola de Unity el resultado de la concatenación para ver la cadena concatenada.

Este ejercicio sirve para demostrar **cómo podemos combinar cadenas de caracteres**.

## 4. Crea una variable privada booleana y dos variables públicas `int`. Si al ejecutar el juego la suma de las variables `int` es par, la booleana debe ser `true`. Muestra su valor por consola.

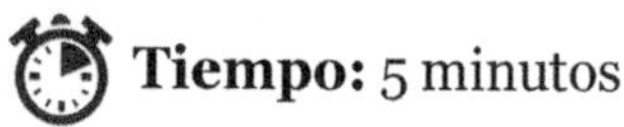

**Tiempo:** 5 minutos

```
using UnityEngine;
public class VerificacionSuma : MonoBehaviour
{
    // Variables privadas
    private bool esSumaPar;
    // Variables públicas
    public int numero1 = 5;
    public int numero2 = 7;
```

```
    void Start()
    {
      //  Calcula la suma de las variables públicas
      int suma = numero1 + numero2;
      //  Verifica si la suma es par
      esSumaPar = (suma % 2) == 0;
      //  Muestra el resultado por consola
      Debug.Log("¿La suma es par? " + esSumaPar);
    }
}
```

NOTAS

En el método `Start( )`, se realiza la suma de las dos variables enteras. Luego, mediante una operación de módulo (%), se verifica si la suma es divisible entre 2, lo que indica si es, o no, un número par. El resultado de esta comprobación se almacena en la variable booleana `esSumaPar`. Para realizar esta comprobación hemos utilizado el operador de comparación. Normalmente solemos verlo dentro de una condición (un `if`), pero se puede usar también de esta manera. Devolverá `true` o `false`, como siempre, y ese valor se asigna a la variable booleana.

Finalmente, se utiliza `Debug.Log` para imprimir el resultado de la verificación en la consola de Unity. El mensaje indica si la suma de las variables enteras es un número par o no lo es. Este proceso permite una visualización rápida y eficiente de la condición booleana resultante.

NOTAS

> Este *script* muestra cómo utilizar variables booleanas para representar condiciones y cómo interactuar con variables enteras para realizar operaciones matemáticas simples. La combinación de variables públicas y privadas proporciona una estructura modular y fácilmente ajustable desde el entorno de desarrollo, permitiendo una rápida comprensión de las operaciones lógicas y matemáticas.

El **operador de módulo (%)** sirve para obtener el resto de la división. Es un operador muy utilizado en programación y es bueno familiarizarse con él. Si el resultado es `0` es que la división era exacta.

Una característica esencial del operador de módulo es su capacidad para evaluar la paridad de un número. Al aplicar `%` con 2 como divisor, se puede determinar si un número es par o impar. Si el resultado es `0`, indica que el número es par, ya que no hay resto al dividirlo entre `2`. Al contrario, si el resultado es `1`, el número es impar, ya que queda un resto de `1` después de la división entre `2`.

Este operador es particularmente útil **en algoritmos que requieren la manipulación de ciclos y patrones repetitivos**. En la programación se utiliza a menudo para realizar acciones alternativas en cada iteración de un bucle. Por ejemplo, al aplicar `%` en un contador en un bucle, se puede ejecutar un bloque de código específico cada vez que el contador alcanza un valor que sea múltiplo del número usado como divisor.

Además de su aplicación en la paridad y los bucles, el operador de módulo encuentra utilidad en la manipulación de índices y en la gestión de *arrays*. Al dividir el índice por la longitud del *array* y utilizar el resto como índice, se puede lograr un ciclo continuo a través de los elementos del *array*, proporcionando una forma eficiente de manejar desbordamientos o ciclos repetitivos en estructuras de datos.

NOTAS

> La eficacia del operador de módulo radica en su versatilidad y aplicabilidad en diversas situaciones de programación. Ya sea para determinar la paridad, gestionar bucles, manipular índices o implementar conceptos matemáticos avanzados, este operador se convierte en una herramienta imprescindible para el programador. Su uso inteligente puede simplificar y optimizar algoritmos, mejorando la legibilidad del código y contribuyendo a conseguir un diseño más eficiente y elegante del código.

## 5. Crea un *script* que imprima por consola «Hoy es jueves» si es jueves, y «Hoy no es jueves» en caso contrario.

**Tiempo:** 5 minutos

```
using UnityEngine;
using System;

public class SaludoJueves : MonoBehaviour

{

  void Start()

  {

    // Obtiene el día actual de la semana

    DayOfWeek diaDeLaSemana = DateTime.Now.
    DayOfWeek;
```

NOTAS

```
            // Verifica si hoy es jueves
            if (diaDeLaSemana == DayOfWeek.Thursday)
            {
                // Muestra el mensaje si es jueves
                Debug.Log("Hoy es jueves");
            }
            else
            {
                // Muestra el mensaje si no es jueves
                Debug.Log("Hoy no es jueves");
            }
        }
    }
```

Este *script* presenta una estructura lógica simple para determinar si el día actual es jueves. Comienza obteniendo la información actual sobre la fecha y la hora mediante la clase `DateTime`. Al acceder a la propiedad `DayOfWeek` de esta clase, se obtiene el día de la semana en el que nos encontramos, representado por un valor de la enumeración `DayOfWeek`.

La estructura condicional `if-else` juega un papel clave en la lógica del *script*. Dentro de esta estructura, se compara el día de la semana obtenido con el valor correspondiente a jueves (`DayOfWeek.Thursday`). Si la comparación resulta verdadera, se ejecuta el bloque de código dentro del `if`, que, en este caso, imprime en la consola de Unity el mensaje «Hoy es jueves». Al contrario, si la comparación resulta falsa, se ejecuta el bloque de código dentro del `else`, que imprime el mensaje «Hoy no es jueves».

NOTAS

El **enum**, una abreviatura de «enumeración», es una estructura de datos en programación que permite definir un conjunto de nombres constantes asignados a valores enteros. Este concepto proporciona una forma más legible y semánticamente rica de trabajar con valores específicos en comparación con el uso directo de números o cadenas.

La principal utilidad de los enums radica en la capacidad de asignar nombres descriptivos a valores específicos, lo que mejora significativamente la legibilidad y mantenibilidad del código. Al definir un enum, se puede crear un conjunto de constantes simbólicas con un significado específico. Por ejemplo, si se está trabajando con los días de la semana, se puede crear un enum con nombres como «lunes», «martes», «miércoles», etc., en lugar de utilizar números del 1 al 7.

Los enums también ofrecen la ventaja de reducir errores en el código, ya que el compilador verifica que se utilicen solo los valores definidos en el enum. Esto proporciona una capa adicional de seguridad y evita errores derivados de la utilización de valores incorrectos o no esperados.

Otra característica esencial de los enums es su capacidad para representar conjuntos discretos y finitos de valores. Esto los hace especialmente útiles cuando se requiere representar opciones o categorías específicas, como estados de una máquina, tipos de eventos o cualquier otro conjunto limitado de opciones.

NOTAS

> Los enums también son extensibles, permitiendo agregar nuevos valores en el futuro sin afectar al código existente. Esto es especialmente útil cuando se trabaja en proyectos en constante evolución, ya que se pueden introducir nuevas opciones sin romper[1] el código que ya hace uso del enum.

Además de la legibilidad y la seguridad que proporcionan, los enums también facilitan el mantenimiento del código. Si se necesita cambiar un valor, como renombrar una opción o agregar una nueva, simplemente se modifica la definición del enum en un solo lugar, y todos los lugares que hacen referencia a esos valores se actualizan automáticamente.

Este ejercicio representa un caso típico de programación. En ocasiones nos encontramos con problemas que son muy fáciles de resolver si conocemos las herramientas adecuadas, y que parecen extraños si no las conocemos. Te ha podido pasar que aún no hayas estudiado la clase `DateTime` o que no conocieses sus herramientas para obtener fácilmente el día de la semana. Si ha sido el caso, es posible que hayas probado soluciones bizarras o desesperadas.

1. En informática se denomina «romper» a cualquier acción que origine un funcionamiento indeseado (N. del E.).

NOTAS

Cuando no sepas cómo abordar un problema, revisa en la documentación del lenguaje (en nuestro caso, tanto C# como Unity Script Reference), para ver si hay clases que tengan funcionalidades apropiadas para el problema que estás resolviendo. Consultar la documentación es, a menudo, una de las rutinas del programador. Además, internet está ahí para ayudarnos. Busca cómo resolver un problema determinado y adapta las soluciones que encuentres. Al principio será fácil encontrar ayuda. Cuanto más específica sea la tarea que estás programando, más difícil será encontrar soluciones que te sirvan, y más importante será tu propia creatividad. Como consejo general, usa el principio **KISS** (*Keep it simple, stupid!*).

## 6. Calcula el factorial de un número dado por una variable pública de tipo `int`.

 **Tiempo:** 5 minutos

```
using UnityEngine;
public class FactorialCalculator : MonoBehaviour
{
  public int numero;  //  Variable pública que
  //  contiene el número para el cual calcular el
  //  factorial
  void Start()
  {
    CalcularFactorial();
  }
```

NOTAS

```
    void CalcularFactorial()
    {
        int factorial = 1;
        //  Verificar si el número es negativo
        if (numero < 0)
        {
            Debug.Log("No se puede calcular el factorial
            de un número negativo.");
            return;  //  Salir del método si el número es
            //  negativo
        }
        //  Calcular el factorial usando un bucle
        for (int i = 1; i <= numero; i++)
        {
            factorial *= i;
        }
        //  Mostrar el resultado en la consola de Unity
        Debug.Log("El factorial de " + numero + " es:
        " + factorial);
    }
}
```

Para empezar, establecemos una variable llamada `numero` que será utilizada para almacenar el número para el cual se calculará el factorial. Esta variable es pública, lo que significa que su valor puede ser ajustado directamente desde el inspector de Unity.

Luego se inicia el método `CalcularFactorial`, que es responsable de realizar el cálculo en sí. Y se hace declarando una variable llamada `factorial` y asignándole el valor inicial de 1. Se sigue una verificación para asegurarse de que el número proporcionado no sea negativo, ya que el factorial no está definido para números negativos.

Dentro del método, se utiliza un bucle para iterar desde `1` hasta el valor de `numero`. En cada iteración, el valor de `factorial` se multiplica por el índice actual del bucle, acumulando así el resultado del factorial.

El código está enfocado en ejecutar el cálculo automáticamente al inicio del programa, utilizando el método `Start`. Sin embargo, la lógica principal está contenida en `CalcularFactorial`. El uso de `Debug.Log` permite mostrar el resultado del cálculo en la consola de Unity, aunque este aspecto fue excluido según tus indicaciones.

NOTAS

En resumen, este *script* aprovecha las funcionalidades de Unity para calcular el factorial de un número designado. La variable pública facilita la interacción desde el entorno de desarrollo, mientras que el método de cálculo garantiza la obtención del factorial sin problemas, con consideraciones especiales para números negativos.

## 7. Crea un *script* que demuestre el orden de ejecución de los métodos **Start** y **Awake** de **MonoBehaviour**.

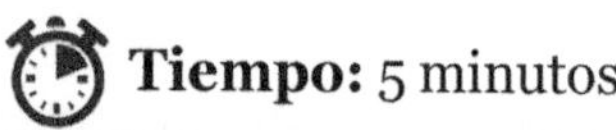

```
using UnityEngine;
public class EjercicioStartAwake : MonoBehaviour
{
   void Awake()
   {
      //  Este método se llama cuando se instancia el
      //  script y antes de que se llame al método
      //  Start
      Debug.Log("Awake: Este mensaje se imprime antes
      de Start");
   }
   void Start()
   {
      //  Este método se llama al inicio del juego,
      //  después de que Awake ha sido llamado
      Debug.Log("Start: Este mensaje se imprime al
      iniciar el juego");
   }
}
```

En este ejemplo, el método `Awake` se llama cuando el *script* se instancia antes de que el juego comience, mientras que el método `Start` se ejecuta al inicio del juego, después de que `Awake` ha sido llamado. Ambos métodos son comúnmente utilizados para inicializaciones, pero `Awake` se llama antes que `Start`. Puedes observar cómo estos mensajes se imprimirán en la consola de Unity en el orden mencionado.

NOTAS

> Los métodos `Start` y `Awake` son funciones esenciales en el ciclo de vida de los *scripts* en Unity y, aunque comparten similitudes en su ejecución, tienen propósitos distintos que los hacen únicos en sus usos y aplicaciones.

`Awake` se ejecuta cuando el *script* es instanciado, justo después de que el `GameObject` al que está adjunto se ha creado en la escena. Este método es útil para inicializaciones tempranas que deben realizarse antes de que cualquier otro *script* tenga acceso a la instancia del `GameObject`. Algunos casos de uso común incluyen la asignación de referencias a otros componentes o la configuración de variables iniciales. `Awake` es una elección preferida cuando se necesita realizar acciones antes de que otros objetos de la escena estén completamente configurados. Sin embargo, es importante tener en cuenta que el orden de ejecución de `Awake` no está garantizado entre diferentes *scripts*.

Por su parte, `Start` se ejecuta después de que todas las funciones `Awake` han concluido su ejecución. Este método es valioso cuando es necesario realizar inicializaciones que dependen de que otros *scripts* hayan completado sus operaciones de `Awake`. En `Start`, se pueden establecer conexiones entre diferentes `GameObjects`, ya que, en este punto, el motor de Unity ha completado la inicialización de los objetos en la escena. `Start` es especialmente útil para realizar configuraciones que requieren la presencia de otros elementos en la escena, y está garantizado que todos los objetos están configurados y listos.

Una distinción crucial entre ambos métodos es que `Awake` se llama antes de que el objeto esté activo o tenga

NOTAS

posiciones en la escena, mientras que `Start` se ejecuta cuando el objeto ya está activo y todas las jerarquías de la escena se han establecido. Esta diferencia es fundamental para comprender cuándo usar cada método. Si se necesita inicializar datos sin depender de la activación del `Game-Object` o de otros objetos en la escena, `Awake` es la elección adecuada. Por el contrario, si la inicialización requiere que los `GameObjects` estén activos y las jerarquías de la escena estén completamente configuradas, `Start` es la mejor opción.

En términos de eficiencia, podemos decir que `Awake` y `Start` no difieren en rendimiento puro, ya que solo se llama una vez a ambos durante el ciclo de vida del objeto. La diferencia principal radica en el momento en que se les llama y cómo se utilizan, lo que puede afectar a la organización y al flujo del código.

En cuanto a las mejores prácticas recomendadas, es común utilizar `Awake` para inicializaciones de referencias y configuraciones tempranas, y `Start` para aquellas acciones que dependen de la totalidad del entorno de la escena. Al entender las diferencias y usos de estos métodos, los desarrolladores pueden optimizar la secuencia de inicialización de sus *scripts*, asegurando que las dependencias se manejen correctamente y evitando comportamientos inesperados en la ejecución de su juego o aplicación en Unity.

NOTAS

> En resumen, Awake se utiliza para inicializaciones tempranas que no dependen de la activación del objeto, mientras que Start se utiliza para configuraciones que requieren que el objeto esté activo y la escena esté completamente inicializada. Ambos métodos son esenciales en el desarrollo de juegos en Unity, y la elección entre ellos depende de las necesidades específicas de inicialización en un *script*.

## 8. Crea un *script* que imprima por consola, en cada fotograma, el tiempo que ha transcurrido desde el fotograma anterior.

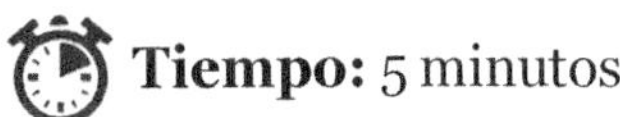

```
using UnityEngine;
public class TiempoEntreFotogramas : MonoBehaviour
{
  void Update()
  {
    //  Obtiene el tiempo transcurrido desde el
    //  fotograma anterior utilizando
    //  Time.deltaTime
    float tiempoTranscurrido = Time.deltaTime;
    //  Imprime el tiempo transcurrido por consola
    Debug.Log("Tiempo transcurrido desde el
    fotograma anterior: " + tiempoTranscurrido);
  }
}
```

Con este código podemos medir y registrar el tiempo transcurrido entre fotogramas consecutivos en el método Update.

NOTAS

> El método `Update` es una función que se llama en cada fotograma durante la ejecución del juego. Su propósito principal es proporcionar un lugar donde situar el código que debe ejecutarse en cada fotograma (o *frame*).

En este contexto, `Time.deltaTime` es un componente esencial para entender cómo se calcula el tiempo transcurrido entre fotogramas. Unity mantiene un seguimiento del tiempo transcurrido desde el último *frame* y lo expone a través de la propiedad `Time.deltaTime`. Esta propiedad retorna el tiempo, en segundos, que ha pasado desde el fotograma anterior hasta el actual. El valor de `Time.deltaTime` es crucial para realizar cálculos y movimientos que sean suaves y consistentes, independientemente de la velocidad de la máquina o la frecuencia de actualización del juego.

Cuando se asigna `Time.deltaTime` a una variable, como se hace en el *script*, se obtiene un valor que indica cuánto tiempo ha pasado desde el último fotograma en segundos. En términos prácticos, esto significa que si `Time.deltaTime` es `0.02`, han pasado `0.02` segundos desde el último *frame*. Este valor lo ajusta automáticamente Unity para adaptarse a la velocidad de la máquina en la que se está ejecutando el juego. Es esencial para realizar movimientos suaves y proporcionar animaciones consistentes en diferentes configuraciones de *hardware*.

En el contexto de `Update`, el uso de `Time.deltaTime` es crucial para garantizar que las operaciones realizadas en este método se realicen de manera uniforme y predecible, independientemente de la velocidad de ejecución del juego. Por ejemplo, si se desea que un objeto se mueva a una velocidad constante de 5 unidades por segundo, se puede multiplicar la velocidad por `Time.deltaTime`. Esto asegura que el objeto se desplace 5 unidades en cada segundo, sin importar cuántos *frames* se ejecuten en ese segundo.

NOTAS

En el *script* proporcionado, `Time.deltaTime` se usa directamente para calcular y registrar el tiempo transcurrido desde el fotograma anterior. Este valor se imprime en la consola utilizando `Debug.Log`. La utilización de `Time.deltaTime` en combinación con el método `Update` permite realizar mediciones precisas y realizar acciones basadas en el tiempo en cada *frame* del juego.

> Resumiendo, el método `Update` se llama en cada fotograma y es un lugar adecuado para realizar operaciones que deban ejecutarse continuamente durante la ejecución del juego. `Time.deltaTime` es un componente crucial en Unity que proporciona el tiempo en segundos que ha pasado desde el último *frame*. Su uso en combinación con `Update` es fundamental para realizar cálculos y movimientos suaves y consistentes en juegos de Unity.
>
> Ambos elementos son esenciales para comprender y controlar el flujo temporal y las operaciones de un juego en Unity.

NOTAS

## 9. Crea un *script* que imprima por consola el tiempo que ha pasado desde el inicio de la ejecución, cada 100 fotogramas.

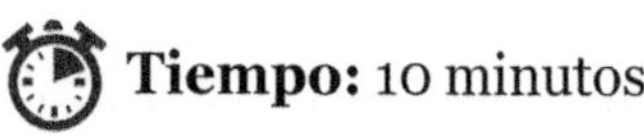

```
using UnityEngine;
public class ImpresorCada100Fotogramas :
MonoBehaviour

{

  private int contadorFotogramas = 0;

  void Update()

  {

    //  Incrementa el contador en cada fotograma

    contadorFotogramas++;

    //  Verifica si han pasado 100 fotogramas

    if (contadorFotogramas % 100 == 0)

    {

      //  Imprime el tiempo transcurrido desde el
      //  inicio de la ejecución

      float tiempoTranscurrido = Time.time;
      Debug.Log("Tiempo transcurrido cada 100
      fotogramas: " + tiempoTranscurrido);

    }

  }

}
```

En este *script*, `contadorFotogramas` se utiliza para llevar un seguimiento del número de fotogramas que han transcurrido. En cada fotograma, este contador se incrementa. **La condición `if`** `contadorFotogramas % 100 == 0`) verifica si han pasado 100 fotogramas utilizando el operador de módulo (%). Si es así, significa que ha transcurrido un múltiplo de cien fotogramas, y dentro de esta condición, se imprime el tiempo transcurrido desde el inicio de la ejecución utilizando `Time.time`. Este proceso se repetirá cada vez que se alcance otro múltiplo de cien fotogramas.

Este *script* te permitirá imprimir por consola el tiempo transcurrido cada cien fotogramas durante la ejecución del juego en Unity. Ajusta el valor según tus necesidades si deseas imprimir cada doscientos, trescientos fotogramas, etc.

NOTAS

> La clase `Time` en Unity es la adecuada para gestionar y medir el tiempo en el contexto de los juegos desarrollados en esta plataforma. Proporciona funcionalidades para rastrear el tiempo transcurrido durante la ejecución del juego, lo cual es esencial para animaciones, movimientos suaves y diversas operaciones basadas en el tiempo. Dos propiedades importantes de la clase `Time` son `Time.time` y `Time.realtimeSinceStartup`, las cuales permiten acceder a diferentes formas de medición del tiempo.

`Time.time` es una propiedad que representa el tiempo en segundos que ha transcurrido desde el inicio de la ejecución del juego. Es un valor que aumenta continuamente a medida que el juego avanza. Se utiliza con frecuencia para sincronizar animaciones, controlar la velocidad de movimiento y gestionar eventos temporales. La medida es relativa al inicio de la ejecución del juego, lo que significa que siempre aumenta y se ve afectada por cambios en la escala del tiempo o pausas.

Por su parte, `Time.realtimeSinceStartup` proporciona una medida del tiempo en segundos desde que la aplicación se inició. A diferencia de `Time.time`, esta propiedad no se ve afectada por los cambios en la escala del tiempo y sigue incrementándose incluso si el juego está pausado. Es

NOTAS

útil cuando se necesita realizar mediciones de tiempo precisas y absolutas, independientes de las interacciones del usuario o las modificaciones en la escala de tiempo del juego.

> La principal diferencia entre `Time.time` y `Time.realtimeSinceStartup` radica en cómo manejan los cambios en la escala del tiempo. `Time.time` se ve afectado por la escala del tiempo del juego. Si la escala es ajustada a un valor diferente de `1` (por ejemplo, al pausar el juego), `Time.time` se detendrá de forma temporal. En cambio, `Time.realtimeSinceStartup` no se ve afectado por estos cambios y seguirá incrementándose incluso cuando el juego esté pausado.

`Time.time` es especialmente útil para operaciones que deban sincronizarse con la progresión del juego, como animaciones que han de ejecutarse a una velocidad constante. En cambio, se prefiere `Time.realtimeSinceStartup` cuando se necesita realizar mediciones de tiempo sin verse afectado por la pausa del juego u otras modificaciones en la escala de tiempo.

Ambas propiedades tienen aplicaciones específicas en el desarrollo de juegos. La elección entre `Time.time` y `Time.realtimeSinceStartup` dependerá de los requisitos del escenario particular. Al comprender estas propiedades, los desarrolladores pueden tomar decisiones informadas sobre cómo medir y gestionar el tiempo en sus juegos de Unity para lograr un comportamiento preciso y consistente.

NOTAS

En resumen, `Time.time` mide el tiempo desde el inicio de la ejecución del juego y se ve afectado por la escala del tiempo, mientras que `Time.realtimeSinceStartup` proporciona un tiempo absoluto independiente de la escala del tiempo y útil para mediciones precisas. Ambas propiedades son esenciales para gestionar el tiempo en juegos de Unity de manera eficaz.

## 10. Crea un *script* que inicialice una probabilidad aleatoria entre `0` y `100` y que cada 10 segundos genere un número entre `0` y `100`. Si el número es mayor que la probabilidad, imprime por consola «Acierto» y si no, imprime «Fallo».

**Tiempo:** 15 minutos

```
using UnityEngine;
public class JuegoProbabilidades : MonoBehaviour
{
  private int probabilidad;
  void Start()
  {
    // Inicializa la probabilidad aleatoria entre
    // 0 y 100 al inicio del juego
    InicializarProbabilidad();
    // Invoca repetidamente el método GenerarNumero
    // cada 10 segundos
    InvokeRepeating("GenerarNumero", 0F, 10F);
  }
```

NOTAS

```
    void InicializarProbabilidad()
    {
        //  Inicializa la probabilidad aleatoria entre
        //  0 y 100
        probabilidad = Random.Range(0, 101);
    }
    void GenerarNumero()
    {
        //  Genera un número aleatorio entre 0 y 100
        int numeroGenerado = Random.Range(0, 101);
        //  Compara el número generado con la
        //  probabilidad
        if (numeroGenerado > probabilidad)
        {
            //  Si el número es mayor que la
            //  probabilidad, imprime "Acierto"
            Debug.Log("Acierto");
        }
        else
        {
            //  Si el número no es mayor que la
            //  probabilidad, imprime "Fallo"
            Debug.Log("Fallo");
        }
    }
}
```

Este *script* utiliza las funciones de la clase `Random` para inicializar una probabilidad aleatoria al inicio del juego y para generar un número aleatorio entre `0` y `100` cada diez segundos. El método `InvokeRepeating` se utiliza para llamar al método `GenerarNumero` de forma repetida con un intervalo de diez segundos.

NOTAS

En el método GenerarNumero, se compara el número generado con la probabilidad actual. Si el número es mayor que la probabilidad, se imprime «Acierto» por consola; de lo contrario, se imprime «Fallo».

Este *script* simula un juego de probabilidades donde se evalúa el acierto o fallo basándose en la comparación entre un número aleatorio y una probabilidad también aleatoria. Puedes ajustar el intervalo de tiempo o la lógica del juego según tus necesidades.

La función Random.Range de la librería UnityEngine es la herramienta que utilizamos para generar valores aleatorios dentro de un rango especificado. Se utiliza para introducir elementos de aleatoriedad en juegos y simulaciones, lo que a menudo contribuye a la variedad y la imprevisibilidad en la experiencia del usuario.

La firma básica de la función Random.Range es Random.Range(min, max), donde min y max son los valores límite del rango. La función devuelve un valor aleatorio que es mayor o igual a min y menor a max. Es importante destacar que max puede estar, o no, incluido dentro de los posibles valores generados dependiendo del tipo de número recibido por parámetro.

Cuando se utiliza con números enteros, la función Random.Range genera un número entero aleatorio dentro del rango especificado. Por ejemplo, Random.Range(1,6) podría devolver cualquier valor entero entre 1 y 5. Es crucial comprender que el límite superior (max) no está incluido en los valores generados. Esto se debe a la forma en que la función maneja los intervalos cerrados en la práctica de programación y matemáticas.

NOTAS

Cuando se trabaja con números de punto flotante (`float`), la función `Random.Range` también se adapta para generar valores en coma flotante. Por ejemplo, `Random.Range(0.0F,1.0F)` podría devolver cualquier número flotante entre `0.0` (incluido) y `1.0` (incluido). La posibilidad de generar valores `float` proporciona mayor flexibilidad al introducir aleatoriedad en situaciones donde la precisión fraccional es esencial, como en movimientos suaves, transiciones de colores o efectos visuales.

Un aspecto interesante de la función `Random.Range` es su capacidad para manejar tanto números enteros como `float` sin requerir sobrecargas o funciones separadas. Esto simplifica el código y facilita la adaptabilidad del rango según los requisitos específicos de un escenario particular.

> ***Aleatoriedad relativa***
>
> Es esencial destacar que, mientras que `Random.Range` es una forma fácil y poderosa de generar valores aleatorios, la secuencia de números generados no es verdaderamente aleatoria en el sentido matemático. Unity utiliza algoritmos *pseudorandom* para simular la aleatoriedad, lo que significa que la secuencia de números generados está determinada por una semilla inicial. Esto puede ser importante en situaciones en las que la reproducibilidad de la secuencia de números aleatorios es crítica.

La función `InvokeRepeating` en Unity es una herramienta que permite ejecutar un método específico repetidamente a intervalos regulares de tiempo. Se utiliza para automatizar tareas o acciones que deben repetirse en el tiempo durante la ejecución del juego.

NOTAS

La definición básica de `InvokeRepeating` es la siguiente: `InvokeRepeating(string methodName, float time, float repeatRate)`. El parámetro `methodName` es el nombre del método que se ejecutará, `time` es el tiempo en segundos antes de la primera ejecución y `repeatRate` es el intervalo de tiempo entre las repeticiones.

Esta función es útil para situaciones en las que se requiere ejecutar cierto código a intervalos predeterminados, como la actualización de posiciones, la generación de enemigos en un juego o cualquier tarea que deba repetirse en una base regular. La repetición continúa hasta que se detiene manualmente o hasta que el objeto al que está adjunta la invocación es destruido.

Es importante señalar que `InvokeRepeating` se asocia comúnmente con el método `Update` y otros métodos de ciclo de vida en Unity. Por ejemplo, podría usarse para invocar un método que actualiza la posición de un objeto cada pocos segundos, proporcionando un movimiento periódico.

> Al emplear `InvokeRepeating`, los desarrolladores pueden simplificar y optimizar el código, evitando así la necesidad de implementar manualmente sistemas de temporizadores. Esto contribuye a conseguir un código más claro y conciso, facilitando el mantenimiento y la comprensión del flujo del programa.

`InvokeRepeating` es una función clave en Unity que facilita la ejecución repetida de un método a intervalos

NOTAS

específicos, proporcionando una forma eficiente de automatizar tareas periódicas durante la ejecución del juego. Su uso es común en situaciones en las que se requiere repetición regular de código, mejorando la eficiencia y la claridad del desarrollo.

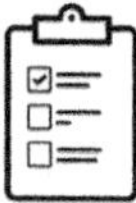

Si has conseguido resolver este ejercicio, aunque no sea con la misma solución aquí propuesta, significa que tienes suficiente soltura en los conceptos básicos de código para Unity como para avanzar con ejercicios que involucren también el editor de Unity.

Si no has conseguido resolver perfectamente los ejercicios, puedes hacer un repaso comenzando de nuevo, o puedes continuar para ver más ejemplos de programación.

## TRANSFORMACIONES Y DESTRUCCIONES

A continuación vamos a ver cómo nuestro código produce resultados en el mundo 3D que vemos en el editor de Unity. A partir de ahora no usaremos la consola de Unity para ver resultados, pero sí que debemos mantener siempre un ojo en ella, ya que es el chivato que nos va diciendo si hay algún error en el código. Los ejercicios propuestos en esta sección utilizan mayoritariamente el componente `Transform`. Es el componente principal de todos los `GameObjects`. También revisaremos algunas de las funciones más habituales

NOTAS

que podemos hacer con `GameObjects` en sí, como destruirlos o desactivarlos.

Además comenzaremos a usar la clase `Input` para ir conociendo y practicando las interactividades con el jugador (o como dirían los profesores de ingeniería del *software*: «el usuario»).

En esta sección vas a trabajar con un cubo en la escena. No necesitas aún crear prefabs[2] ni instanciar nada. Un simple cubo con un *script* en él será todo lo que necesites. Puedes usar un cubo para cada ejercicio o puedes quitar y poner *scripts* al cubo para ir probando. ¡Cuidado! Para el jefe de área de esta sección (ejercicio 20) tendrás que usar dos cubos.

### 11. Crea un cubo que se desplace en el eje X a una velocidad de 1 unidad por segundo. Al llegar a la posición 10, debe recolocarse en la posición 0.

 **Tiempo:** 10 minutos

```
using UnityEngine;
public class MovimientoCubo : MonoBehaviour
{
   public float velocidad = 1.0F;
   //  Velocidad de movimiento en unidades por
   //  segundo
   void Update()
```

2. Elementos de Unity (N. del E.).

NOTAS

```
        {
            //  Mueve el cubo en el eje X
            transform.Translate(Vector3.right * velocidad *
            Time.deltaTime);

            //  Si el cubo llega a la posición 10 en el eje
            //  X, lo recoloca en la posición 0
            if (transform.position.x >= 10)
            {
                transform.position = new Vector3(0, transform.
                position.y, transform.position.z);
            }
        }
    }
```

Este *script* de movimiento para un cubo comienza declarando una variable pública `velocidad` que determina la velocidad de movimiento del cubo en unidades por segundo. En el método `Update`, el cubo se desplaza en el eje X utilizando `transform.Translate(Vector3.right * velocidad * Time.deltaTime)`, lo que significa que se mueve hacia la derecha a una velocidad constante. Luego se verifica si la posición del cubo en el eje X es mayor o igual a `10`. Si es así, el cubo se reposiciona en el eje X a la posición `0`, lo que crea un movimiento cíclico del cubo a lo largo del eje X. Este *script* ilustra un movimiento lineal continuo del cubo, con la capacidad de reiniciar su posición cuando alcanza un cierto límite.

`Vector3` es una estructura de datos fundamental que representa una posición o dirección en el espacio tridimensional. La palabra «vector» se refiere a una entidad que tiene tanto magnitud como dirección, y el «3» indica que opera en un espacio tridimensional (X, Y y Z).

Un `Vector3` típicamente tiene tres componentes numéricas: X, Y y Z, que representan las coordenadas en el espacio tridimensional. Por ejemplo, un `Vector3 (1.0F,2.0F, 3.0F)` indicaría una posición en el eje X de `1.0` unidad; en el eje Y, de `2.0` unidades; y en el eje Z, de `3.0` unidades.

Este tipo de datos es esencial en el desarrollo de juegos y gráficos en 3D, ya que se utiliza para describir la posición de objetos, la dirección de la luz y las velocidades, entre otras propiedades. Los `Vector3` se emplean comúnmente en operaciones matemáticas, como traslaciones, rotaciones y escalas, lo que permite manipular y posicionar objetos en el espacio 3D.

Además, `Vector3` se utiliza para representar direcciones normalizadas. Un vector normalizado tiene una magnitud de `1`, lo que lo convierte en una herramienta valiosa para representar direcciones sin preocuparse por la escala específica de la magnitud.

La línea de código `transform.Translate(Vector3.right*velocidad*Time.deltaTime);` se encarga de mover el objeto al cual está adjunto el *script* a lo largo del eje X en el espacio tridimensional de Unity. Descompongamos la línea:

- `Transform` se refiere al componente `Transform` del objeto al que pertenece el *script*. El componente `Transform` maneja la posición, rotación y escala del objeto en el espacio tridimensional.
- `Translate` es un método de `Transform` que se utiliza para cambiar la posición del objeto. En este caso, se utiliza para realizar una traslación (movimiento) del objeto.

NOTAS

NOTAS

*(continuación...)*

- `Vector3.right` representa un vector que apunta hacia la derecha en el espacio tridimensional. En Unity, `Vector3.right` es equivalente a un vector con las coordenadas (`1, 0, 0`).
- `Velocidad` es una variable que determina la velocidad de movimiento del objeto a lo largo del eje X. Multiplicar el vector de dirección (`Vector3.right`) por la velocidad ajusta la magnitud del movimiento.
- `Time.deltaTime` se utiliza para tener en cuenta la variabilidad del tiempo entre cada fotograma. Multiplicar por `Time.deltaTime` asegura que el movimiento sea suave y consistente independientemente de la velocidad del *hardware* o la frecuencia de actualización del juego.

En conjunto, la línea de código está diciendo: «Traslada el objeto a lo largo del eje X con una magnitud determinada por la velocidad y ajustada por el tiempo transcurrido desde el último fotograma». Este tipo de operación es común para lograr movimientos suaves y consistentes en Unity, ya que se adapta automáticamente a las variaciones en el rendimiento del *hardware* y garantiza una experiencia de juego más predecible.

La línea de código `transform.position = new Vector3(0, transform.position.y, transform.position.z);` está destinada a reposicionar el objeto al cual está adjunto el *script* en Unity. Descompongamos el código:

NOTAS

- `Transform` hace referencia al componente `Transform` del objeto al que pertenece el *script*. El componente `Transform` controla la posición, rotación y escala del objeto en el espacio tridimensional.
- `Position` es una propiedad de `Transform` que representa la posición actual del objeto en el espacio tridimensional. Es un vector tridimensional que contiene las coordenadas X, Y y Z del objeto.
- `New Vector3(0, transform.position.y, transform.position.z)` crea un nuevo vector tridimensional. En este caso, establece la coordenada X en `0` (cero), mantiene la coordenada Y igual a la posición actual en el eje `Y(transform.position.y)`, y mantiene la coordenada Z igual a la posición actual en el eje Z `(transform.position.z)`.

Esta línea de código asigna una nueva posición al objeto, manteniendo su altura (`Y`) y profundidad (`Z`) actuales, pero moviéndolo al plano `X = 0`. En otras palabras, coloca el objeto en la posición `X = 0` mientras mantiene su altura y profundidad inalteradas. Este tipo de reposicionamiento puede ser útil en situaciones en las que se desea reiniciar la posición de un objeto a un punto específico, como en un juego cuando se alcanza cierto límite en el espacio.

NOTAS

## 12. Haz que un cubo rote a la izquierda o a la derecha respondiendo a las pulsaciones del teclado correspondientes a los cursores ←, → o a las letras A y D.

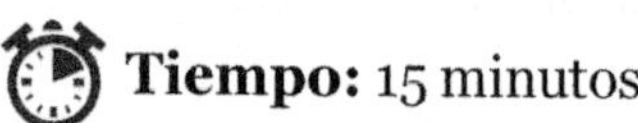

```
using UnityEngine;
public class RotacionCubo : MonoBehaviour
{
   public float velocidadRotacion = 50F;
   //  Velocidad de rotación del cubo
   void Update()
   {
      //  Obtener la entrada del teclado para rotar el
      //  cubo
      float inputHorizontal = Input.GetAxis
      ("Horizontal");
      //  Calcular la rotación total en función de la
      //  entrada y la velocidad
      float rotacion = inputHorizontal *
      velocidadRotacion * Time.deltaTime;
      //  Aplicar la rotación al cubo alrededor del
      //  eje vertical (eje Y)
      transform.Rotate(Vector3.up, rotacion);
   }
}
```

La línea de código `float inputHorizontal = Input.GetAxis("Horizontal");` se encarga de obtener la entrada del usuario desde el teclado en el eje horizontal. La `Input.GetAxis("Horizontal")` es parte de las funciones de entrada en Unity y devuelve un valor flotante que representa la dirección en la que se está presionando una tecla o un *joystick* en el eje horizontal.

NOTAS

Este valor fluctúa entre `-1` y `1`. Cuando no se presiona ninguna tecla, el valor es `0`. Si se presiona la tecla de la derecha o la flecha derecha, el valor es positivo; y si se presiona la tecla de la izquierda o la flecha izquierda, el valor es negativo. Este enfoque permite que la entrada sea más suave y proporcione una transición gradual, ya que la velocidad de entrada puede variar dependiendo de la tecla o el *joystick*.

El resultado se almacena en la variable `inputHorizontal`, que se puede utilizar para determinar la dirección en la que el usuario está intentando moverse en el juego. Este tipo de entrada es comúnmente utilizada para el control del jugador en juegos en los que se desea una respuesta continua y suave a la entrada del usuario, como en el caso de la rotación de un objeto en respuesta a las pulsaciones de las teclas izquierda y derecha.

> La configuración de *inputs* en Unity se lleva a cabo mediante el sistema de **Input Manager**. Al acceder a Project Settings desde la pestaña Edit, puedes abrir la ventana del Input Manager. Aquí encontrarás ejes predefinidos como «Horizontal» y «Vertical». Puedes modificarlos o crear nuevos ejes con nombres descriptivos y asignar teclas o botones correspondientes. También puedes añadir entradas específicas para botones y teclas, asignándoles nombres y configurando las teclas o botones asociados.

Para los mandos y *joysticks*, Unity permite configurar entradas específicas asignando acciones a los botones correspondientes. Es importante asegurarse de utilizar los nombres correctos de los botones del mando. Para acceder a estos *inputs* en el código, puedes utilizar la clase `Input`. Por ejemplo, `Input.GetAxis("Horizontal")` devuelve

NOTAS

el valor del eje horizontal configurado, e `Input.GetButton("Jump")` verifica si se está presionando un botón específico.

Las configuraciones pueden variar según la plataforma, por lo que es posible crear configuraciones específicas para cada una. Puedes probar las configuraciones directamente en el editor de Unity utilizando el botón «Input» en la barra de herramientas superior para simular entradas. Es fundamental revisar la documentación oficial de Unity y buscar tutoriales para casos más avanzados y detalles específicos sobre la configuración de *inputs*. La flexibilidad del Input Manager permite adaptarse a diferentes dispositivos y plataformas, lo que es esencial para la interactividad en juegos desarrollados con Unity.

La línea `transform.Rotate(Vector3.up, rotacion);` en Unity realiza una rotación del objeto alrededor de su eje vertical (eje Y). La referencia `transform` se relaciona con el componente Transform del objeto, que controla su posición, rotación y escala en el espacio tridimensional. El método Rotate se encarga de aplicar rotaciones al objeto, y en este caso, se utiliza Vector3.up como primer argumento, representando el eje vertical.

El segundo argumento, `rotacion`, determina la cantidad de rotación que se aplicará al objeto. Normalmente, este valor se calcula previamente en el código y puede depender de la entrada del usuario, como la velocidad de rotación multiplicada por el tiempo transcurrido desde el último fotograma (utilizando `Time.deltaTime`).

Con esta línea de código el objeto rotará alrededor de su eje vertical según la cantidad especificada por `rotacion`. Es común usar esta operación para lograr giros suaves y controlados en respuesta a la interacción del usuario o como parte de la dinámica de movimiento en un juego desarrollado con Unity.

Estimado profesor: como sabes, el sistema de *input* de Unity ha evolucionado y en tiempos modernos se está comenzando a utilizar un sistema basado en acciones que permite abstraer y racionalizar los controladores del código de una forma más eficiente que la antigua clase Input.

Sin embargo, debido a que este nuevo sistema aún está muy poco implantado en escuelas y empresas, se ha preferido mantener las soluciones con el sistema antiguo, que no está desechado y sigue siendo completamente funcional. Creo que, de cara al aprendizaje de código, es perfecto, y no es hasta niveles más profesionales cuando se hace necesario el cambio.

NOTAS

## 13. Haz que un cubo aumente la escala si mantenemos pulsada la tecla espaciadora y la disminuya si no la pulsamos. La escala mínima debe ser 1 en cada eje.

**Tiempo:** 20 minutos

```
using UnityEngine;
public class EscalaCubo : MonoBehaviour
{
  public float velocidadCrecimiento = 2.0F;
  // Velocidad de crecimiento
  public float escalaMinima = 1.0F;
  // Escala mínima en cada eje
  void Update()
  {
    // Verificar si la tecla de espacio está siendo
    // presionada
    if (Input.GetKey(KeyCode.Space))
    {
      // Aumentar la escala en todos los ejes
      transform.localScale += Vector3.one *
      velocidadCrecimiento * Time.deltaTime;
    }
    else
    {
      // Disminuir la escala en todos los ejes,
      // asegurándose de que no sea menor que la
      // escala mínima
      transform.localScale = Vector3.
      Max(transform.localScale - Vector3.one *
      velocidadCrecimiento * Time.deltaTime,
      Vector3.one * escalaMinima);
    }
  }
}
```

Este *script* en C# se encarga de controlar el cambio dinámico de escala de un objeto cúbico en Unity. La velocidad de este cambio y la escala mínima permitida son parámetros configurables.

La variable `velocidadCrecimiento` determina cuánto crece o disminuye la escala del objeto en cada fotograma. Asimismo, `escalaMinima` establece la escala mínima permitida en cada eje del objeto.

En la lógica principal del *script*, se utiliza la función `Input.GetKey(KeyCode.Space)` para verificar si la tecla de espacio está siendo presionada. Si es así, la escala del objeto se incrementa en todos los ejes multiplicando Vector3. one por la velocidad de crecimiento y el tiempo transcurrido desde el último fotograma (`Time.deltaTime`).

Cuando la tecla de espacio no está presionada, la escala del objeto disminuye en todos los ejes. Se utiliza `Vector3.Max` para asegurar que la escala no sea menor que la escala mínima especificada. Esto evita que el objeto se reduzca indefinidamente y garantiza que no pueda ser menor que el tamaño mínimo permitido.

Este *script* permite que el objeto cúbico aumente su escala mientras la tecla de espacio está presionada y disminuya su escala si la tecla no está presionada, asegurándose de que no pueda disminuir más allá de la escala mínima establecida en cada eje. Ajusta las variables según tus necesidades y preferencias.

La línea de código `transform.localScale= Vector3.Max(transform.localScale - Vector3.one * velocidadCrecimiento * Time.deltaTime, Vector3.one * escalaMinima);` realiza la

NOTAS

NOTAS

gestión de la escala del objeto en Unity. A continuación, se proporciona una explicación detallada:

- `Transform.localScale` hace referencia al componente Transform del objeto al que pertenece el *script*, específicamente a su escala actual.
- `Vector3.one * velocidadCrecimiento * Time.deltaTime` calcula un vector que representa el cambio deseado en la escala durante un fotograma. Aquí, `Vector3.one` es un vector que representa la escala original (1 en cada componente), y se multiplica por `velocidadCrecimiento * Time.deltaTime` para obtener el cambio proporcional al tiempo transcurrido desde el último fotograma.
- `Transform.localScale - Vector3.one * velocidadCrecimiento * Time.deltaTime` resta el cambio calculado de la escala actual del objeto, lo que da como resultado una nueva escala después de aplicar el decrecimiento.
- `Vector3.Max(..., Vector3.one * escalaMinima)` compara las dos escalas: la escala calculada después de la disminución y la escala mínima permitida. Devuelve un nuevo vector que tiene los componentes máximos de ambos vectores, asegurándose de que cada componente de la nueva escala sea, como mínimo, igual al valor mínimo especificado en `escalaMinima`.
- `Transform.localScale = ...` asigna la nueva escala calculada al objeto, asegurándose de que no pueda disminuir más allá de la escala mínima establecida.

NOTAS

*(continuación...)*

- Utilizar la función Vector3.Max nos permite ahorrar algo de código en comprobaciones, pero hay que tener en cuenta que una línea difícil de leer, aunque sea eficiente, puede ser un inconveniente a la hora de depurar el código o buscar errores.

Para hacer el código más legible, puedes dividir la lógica en varias líneas y utilizar variables intermedias para explicar cada paso. Aquí tienes una versión más clara:

```
// Calcular el cambio de escala deseado en este
// fotograma
Vector3 cambioDeEscala = Vector3.one *
velocidadCrecimiento * Time.deltaTime;
// Calcular la nueva escala después de disminuir
Vector3 nuevaEscala = transform.localScale -
cambioDeEscala;
// Limitar la escala mínima
Vector3 escalaLimitada = Vector3.Max(nuevaEscala,
Vector3.one * escalaMinima);
// Asignar la nueva escala al objeto
transform.localScale = escalaLimitada;
```

Esta versión utiliza variables intermedias para representar cada paso del proceso, facilitando la comprensión del código. `cambioDeEscala` representa el cambio deseado en la escala, `nuevaEscala` calcula la escala después de la disminución y `escalaLimitada` asegura que la escala no sea menor que la escala mínima permitida. Este enfoque mejora la legibilidad y facilita la comprensión del flujo de la lógica.

NOTAS

## 14. Crea un cubo que se desplace uniformemente entre x=0 y x=10. Debe ir y volver continuamente.

```
using UnityEngine;
public class MovimientoCubo : MonoBehaviour
{
  public float velocidad = 2.0F;
  //  Velocidad de movimiento del cubo
  private float minX = 0.0F;
  //  Coordenada x mínima
  private float maxX = 10.0F;
  //  Coordenada x máxima
  private int direccion = 1;
  //  1 para moverse hacia la derecha, -1 para
  //  moverse hacia la izquierda
  private void Update()
  {
    //  Mueve el cubo en la dirección y velocidad
    //  especificadas
    transform.Translate(Vector3.right * velocidad *
    direccion * Time.deltaTime);
    //  Si el cubo alcanza el límite derecho o
    //  izquierdo, invierte la dirección
    if (transform.position.x >= maxX || transform.
    position.x <= minX)
    {
      direccion *= -1;
    }
  }
}
```

NOTAS

Este *script* se encarga de gestionar el movimiento lateral de un objeto cúbico. En primer lugar, se definen algunas variables esenciales: `velocidad` determina la rapidez del movimiento, `minX` y `maxX` representan las coordenadas x mínima y máxima permitidas, respectivamente, y `direccion` controla la dirección del movimiento.

El método `Update` se ejecuta en cada fotograma y contiene la lógica principal del movimiento. Utilizando `transform.Translate`, el cubo se desplaza en la dirección especificada por `direccion`, multiplicada por la velocidad y el tiempo transcurrido desde el último fotograma (`Time.deltaTime`). Se utiliza `Vector3.right` para indicar el eje de la derecha en el sistema de coordenadas.

La condición `if (transform.position.x>=maxX || transform.position.x<= minX)` verifica si el cubo ha alcanzado los límites laterales definidos por `minX` o `maxX`. En caso afirmativo, la dirección se invierte multiplicándola por `-1`, cambiando así la dirección del movimiento. Esto genera un patrón de movimiento oscilante del cubo entre las coordenadas mínima y máxima establecidas.

NOTAS

## 15. Crea un simple controlador de personaje que desplace un cubo en los ejes X y Z al pulsar los cursores.

 **Tiempo:** 20 minutos

```
using UnityEngine;
public class ControladorPersonaje : MonoBehaviour
{
    public float velocidad = 5F;  //  Velocidad de
    //  desplazamiento
    void Update()
    {
        //  Obtener la entrada de teclado para
        //  desplazamiento horizontal y vertical
        float desplazamientoHorizontal = Input.
        GetAxis("Horizontal");
        float desplazamientoVertical = Input.
        GetAxis("Vertical");
        //  Calcular el vector de desplazamiento
        Vector3 movimiento = new
        Vector3(desplazamientoHorizontal, 0F,
        desplazamientoVertical);
        //  Normalizar el vector de desplazamiento para
        //  que el movimiento sea uniforme en todas las
        //  direcciones
        movimiento.Normalize();
        //  Mover el objeto en la dirección calculada
        transform.Translate(movimiento * velocidad *
        Time.deltaTime);
    }
}
```

NOTAS

Este *script* utiliza `Input.GetAxis("Horizontal")` y `Input.GetAxis("Vertical")` para obtener la entrada de las teclas de flecha y luego utiliza `transform.Translate` para mover el cubo en consecuencia. Ajusta la velocidad para cambiar la rapidez del movimiento.

La función `Normalize` en Unity se utiliza para convertir un vector en un vector de longitud igual a 1, manteniendo su dirección original. En términos más sencillos, normalizar un vector significa ajustar su magnitud (longitud) a 1 sin cambiar la dirección en la que apunta.

Ejemplo:

```
Vector3 vectorOriginal = new Vector3(3F, 0F, 4F);
Vector3 vectorNormalizado = vectorOriginal.
normalized;
```

En este caso, `vectorNormalizado` será un nuevo vector con la misma dirección que `vectorOriginal`, pero con una longitud de 1. Esto es útil en situaciones en las que solo te interesa la dirección del vector y no su magnitud, como al aplicar fuerzas, obtener direcciones de movimiento normalizadas, etc.

## 16. Crea un objeto que se desplace en el eje Z una unidad al soltar la tecla espaciadora.

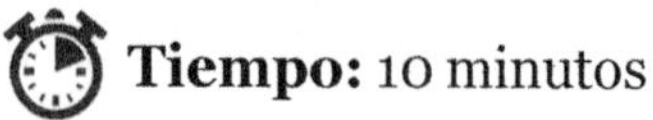

**Tiempo:** 10 minutos

Puedes lograr esto en Unity utilizando la función `Input.GetKeyUp` para detectar cuándo se suelta la tecla de espacio y luego mover el objeto en el eje Z:

```
using UnityEngine;
public class DesplazamientoConTecla : MonoBehaviour
{
    public float velocidad = 1.0F;
    void Update()
    {
        // Verificar si la tecla de espacio se ha
        // soltado
        if (Input.GetKeyUp(KeyCode.Space))
        {
            // Mover el objeto una unidad en el eje Z
            // transform.Translate(Vector3.forward *
            // velocidad);
        }
    }
}
```

Este *script* se encarga de controlar el movimiento de un objeto cuando se suelta la tecla de espacio. La variable pública `velocidad` determina la rapidez del desplazamiento del objeto.

El método `Update()` se ejecuta en cada fotograma del juego y contiene la lógica principal. La condición `if (Input.GetKeyUp(KeyCode.Space))` verifica si la tecla de espacio ha sido soltada. En caso afirmativo, el bloque de código dentro del condicional se ejecuta.

NOTAS

Dentro de este bloque, `transform.Translate(-Vector3.forward*velocidad);` utiliza la función `Translate` para mover el objeto en la dirección del eje Z (`Vector3.forward`). La velocidad determina la cantidad de unidades que el objeto se desplazará en esa dirección. Descomponemos el código a continuación:

`GetKey` se utiliza para comprobar si una tecla está siendo presionada en cualquier fotograma, sin importar si ha sido liberada o si es el primer fotograma en el que se está presionando.

`GetKeyDown` verifica si una tecla ha sido presionada durante el último fotograma. Esto es útil para realizar acciones específicas en el momento exacto en que una tecla se pulsa por primera vez.

`GetKeyUp` se utiliza para comprobar si una tecla ha sido liberada en el último fotograma. Puede ser útil para realizar acciones específicas cuando una tecla deja de estar presionada.

Por su parte, `GetButton` y sus equivalentes están más orientados a controles de entrada configurables, como los asignados a un *joystick* o botón en un controlador.

`GetButton` verifica si un botón específico (o entrada configurada) está presionado, mientras que `GetButtonDown` y `GetButtonUp` se utilizan respectivamente para detectar el momento exacto en que se pulsa o libera un botón.

## 17. Crea un cubo que se destruye al clicar en él.

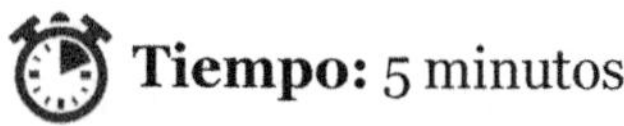

```
using UnityEngine;
public class DestroyOnClick : MonoBehaviour
{
    // Detecta el click del mouse sobre el objeto
    private void OnMouseDown()
    {
        // Destruye el objeto con el que se ha
        // interactuado
        Destroy(gameObject);
    }
}
```

Dentro de la clase, encontramos un método llamado `OnMouseDown`. Este método es específico de Unity y se ejecuta automáticamente cuando se detecta un clic del ratón sobre el objeto al que está adjunto el *script*. La designación «private» indica que este método solo es accesible dentro de la clase `DestroyOnClick`. La elección del nombre «OnMouseDown» es semántica y refleja la naturaleza de la interacción que activa la función.

Dentro de `OnMouseDown`, se encuentra la instrucción clave `Destroy(gameObject)`. Aquí, `Destroy` es una función incorporada en Unity que cumple la función de eliminar el objeto al que se aplica. El argumento de esta función es `gameObject`, una referencia al objeto actual al que está adjunto el *script*. En esencia, esta instrucción dice: «Destruye este objeto sobre el que se ha clicado».

NOTAS

`OnMouseDown` es un **método especial** de Unity que forma parte de la API de Unity y se utiliza para detectar clics del ratón sobre un objeto específico en un escenario de juego. Este método se activa automáticamente cuando el usuario clica con el botón izquierdo del ratón sobre el Collider asociado al objeto que contiene el *script*.

El objeto al que se le adjunta el *script* debe tener un Collider (por ejemplo, un Collider de caja, esfera, etc.) que permita la interacción con el rayo del mouse. El clic del ratón debe impactar con este Collider para activar el método.

La clase `MonoBehaviour` en Unity es una **herramienta fundamental** que proporciona la estructura base para la creación de *scripts* y comportamientos en objetos del juego. Al heredar de esta clase, nuestros *scripts* adquieren la capacidad de responder a eventos específicos y ejecutar funciones en momentos claves del ciclo de vida del juego.

Una de las funciones más utilizadas es `Update( )`, que se llama en cada fotograma del juego y permite realizar acciones continuas, como el movimiento de objetos o la verificación de la entrada del usuario. Otra función común es `OnMouseDown( )`, activada automáticamente cuando el usuario hace clic con el botón izquierdo del ratón sobre un objeto con Collider y el *script* adjunto, siendo útil para detectar interacciones de clic del usuario.

Además de las anteriores funciones, existen otras como `Start( )` y `Awake( )`, que se llaman al inicio del tiempo de ejecución del *script* para realizar inicializaciones, y `Late-Update( )`, que se ejecuta después de `Update( )` para si-

NOTAS

tuaciones en las que es necesario garantizar que todos los cálculos de actualización se han completado.

Estas funciones son posibles gracias a la implementación de MonoBehaviour, que actúa como un marco de trabajo que gestiona la ejecución de estas funciones en momentos específicos del ciclo de vida del juego. Al utilizar estas funciones, los desarrolladores pueden personalizar el comportamiento de los objetos en respuesta a eventos específicos o realizar acciones en cada fotograma del juego.

## 18. Crea un cubo que se destruya a los tres segundos de clicar en él.

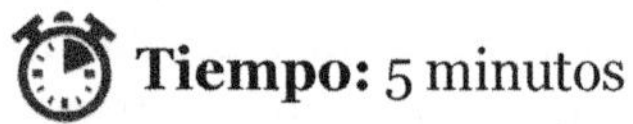
**Tiempo:** 5 minutos

```
using UnityEngine;
public class DestruirObjeto : MonoBehaviour
{
    void OnMouseDown()
    {
        // Destruir el objeto después de 3 segundos
        Destroy(gameObject, 3F);
    }
}
```

Este sencillo ejercicio se nos puede hacer cuesta arriba si no sabemos que el método Destroy puede usarse con un segundo parámetro para indicar el tiempo de retardo en la destrucción del objeto. Muchos alumnos me miran mal cuando solo les doy cinco minutos para resolver este ejercicio y luego se sienten timados. Utilizo este ejercicio para insistir en la importancia de revisar la documentación de

Unity y para explicar algo clave en la programación orientada a objetos: la sobrecarga de métodos.

**La sobrecarga de métodos** es un concepto fundamental en programación orientada a objetos que permite definir múltiples versiones de un mismo método dentro de una clase. Cada versión del método tiene una lista diferente de parámetros o tipos de datos, lo que facilita la adaptación del método a diversas situaciones sin necesidad de cambiar su nombre. Un ejemplo práctico de sobrecarga de métodos en Unity es el uso del método `Destroy`.

En Unity, el método `Destroy` se utiliza para eliminar objetos del juego, pero tiene varias versiones, cada una diseñada para manejar diferentes situaciones. Aquí, la sobrecarga de métodos proporciona flexibilidad al desarrollador para adaptar la llamada a `Destroy` según sus necesidades específicas:

NOTAS

- **La primera versión básica** de `Destroy` toma como parámetro el objeto que se desea eliminar. Por ejemplo, `Destroy(gameObject)` destruirá el objeto al que está adjunto el *script* que realiza la llamada. Esta versión es simple y comúnmente utilizada cuando se quiere eliminar un objeto en respuesta a una condición específica.
- **La segunda versión** permite establecer un retraso antes de que el objeto se elimine. Por ejemplo, `Destroy(gameObject,2.0F)` eliminará el objeto después de esperar dos segundos. Esta versión es útil en situaciones en las que se desea un efecto retardado de destrucción, como una explosión que ocurre unos segundos después de un evento.
- **La tercera versión** se utiliza para destruir un componente específico de un objeto en lugar del objeto completo. Por ejemplo, `Destroy(GetComponent<NombreDelComponente>())` eliminará el componente llamado `NombreDelComponente` del objeto al que está adjunto. Esto es beneficioso cuando se desea eliminar solo una parte específica de un objeto sin que afecte al resto.

La sobrecarga de métodos permite al desarrollador elegir la versión de `Destroy` que mejor se adapte a sus necesidades particulares. Por ejemplo, si se necesita eliminar un objeto después de un evento específico, se puede utilizar la versión estándar de `Destroy`. Si se desea una destrucción retrasada o programada, se puede optar por las versiones

NOTAS

con parámetros de tiempo. Y si se busca eliminar solo un componente, la versión que acepta el componente como argumento es la elección adecuada.

La sobrecarga de métodos no solo proporciona flexibilidad, sino que también mejora la legibilidad del código. Al tener múltiples versiones de un método con nombres idénticos pero con diferentes parámetros, se simplifica el código y resulta más claro para el programador entender las distintas situaciones en las que se puede utilizar este método.

En conclusión, la sobrecarga de métodos es una práctica clave en la programación orientada a objetos y proporciona una manera eficaz de adaptar funciones para abordar diferentes situaciones. El ejemplo de `Destroy` en Unity ilustra cómo esta técnica permite a los desarrolladores elegir entre varias versiones del método para satisfacer sus necesidades específicas de eliminación de objetos en el entorno del juego.

NOTAS

## 19. Crea un cubo que se desactive entre tres y cinco segundos después de clicar en él.

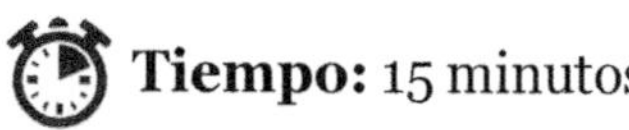

**Tiempo:** 15 minutos

```
public class DesactivarDespuesDeClic : MonoBehaviour
{
  private bool clicHabilitado = true;
  private void OnMouseDown()
  {
    if (clicHabilitado)
    {
      clicHabilitado = false;
      DesactivarDespuesDeTiempo(Random.Range(3F,
      5F));
    }
  }
  private void DesactivarDespuesDeTiempo(float
  tiempo)
  {
    Invoke("DesactivarObjeto", tiempo);
  }
  private void DesactivarObjeto()
  {
    gameObject.SetActive(false);
  }
}
```

Por desgracia, el método `SetActive` de la clase `GameObject` no tiene una sobrecarga como el método `Destroy`, por lo que esta vez sí que tenemos que controlar el tiempo nosotros mismos. Para ello podemos usar la función `Invoke` (parecida a `InvokeRepeating` que hemos usado con anterioridad).

En primer lugar, se declara una variable booleana llamada `clicHabilitado` que se establece inicialmente en `true`. Esta variable será utilizada para controlar si el objeto puede ser desactivado en respuesta a un clic.

NOTAS

El método `OnMouseDown()` se activa automáticamente por Unity cuando el usuario hace clic en el objeto. Dentro de este método, se verifica si `clicHabilitado` es `true`. Si es así, se desactiva `clicHabilitado` (se establece en `false`) y se llama a la función `DesactivarDespuesDeTiempo` con un tiempo aleatorio entre tres y cinco segundos.

La función `DesactivarDespuesDeTiempo()` toma un parámetro `tiempo` y utiliza `Invoke` para programar la llamada a la función `DesactivarObjeto` después del tiempo especificado. Esto introduce una demora antes de desactivar el objeto.

Finalmente, la función `DesactivarObjeto()` simplemente desactiva el objeto al que pertenece el *script* mediante `gameObject.SetActive(false)`. Cuando un objeto se desactiva, se vuelve invisible y no interactúa con el juego, pero su estado y componentes asociados se mantienen.

El uso de **parámetros** entre métodos es una práctica esencial en programación, que permite la transferencia de información y facilita la modularidad y reutilización del código.

NOTAS

Un parámetro es una variable que se pasa a un método durante su invocación y que permite la entrada de datos desde el método llamador al método llamado.

Cuando se trabaja con métodos, la necesidad de compartir información o datos entre ellos surge con frecuencia. Los parámetros son una herramienta fundamental en este contexto.

Una ventaja clave de los parámetros es su capacidad para hacer que un método sea más flexible y versátil. Por ejemplo, un método que realiza una operación matemática podría aceptar números como parámetros, lo que significa que puede ser utilizado con diferentes valores sin necesidad de reescribir el código.

La transferencia de datos mediante parámetros se puede realizar de varias maneras, siendo las más comunes los **parámetros por valor** y los **parámetros por referencia**.
*Los parámetros por valor* implican pasar una copia del valor real al método llamado, lo que significa que cualquier modificación realizada en el parámetro dentro del método no afectará a la variable original en el método llamador.

NOTAS

*(continuación...)*

*Los parámetros por referencia* pasan la dirección de memoria de la variable al método, lo que permite que cualquier cambio en el parámetro dentro del método afecte directamente a la variable original en el método llamador.

Los parámetros son **muy importantes** para la creación de funciones reutilizables y modulares. Por ejemplo, si se tiene un método que calcula el área de un rectángulo, se pueden pasar las dimensiones del rectángulo como parámetros, lo que permite reutilizar la misma función para diferentes rectángulos simplemente proporcionando nuevos valores como argumentos.

Su utilización también facilita la creación de métodos más genéricos y adaptables. Al diseñar funciones que aceptan parámetros, se puede escribir código que sea aplicable a una amplia gama de situaciones. Esto contribuye a la creación de código más mantenible y fácil de extender, ya que se pueden realizar ajustes simplemente proporcionando diferentes valores como parámetros en lugar de reescribir completamente el código.

Los parámetros también permiten la comunicación entre diferentes partes de un programa. Por ejemplo, en un juego, se puede tener un método que actualiza la posición de un personaje, y para hacerlo, necesita la información sobre la posición actual. Esta información se puede pasar como parámetro al método, asegurando que siempre trabaje con la posición más reciente.

NOTAS

Los métodos de un objeto pueden recibir parámetros provenientes de otros objetos, permitiendo una colaboración eficaz entre las diversas partes del sistema. Esto promueve la **encapsulación** y el **principio de responsabilidad única**, ya que cada objeto se encarga de realizar tareas específicas y se comunica con otros objetos mediante el intercambio de parámetros.

El uso de parámetros entre métodos es una técnica básica en programación. Facilita la transferencia de información, promueve la reutilización del código y contribuye a la creación de programas más modulares y adaptables. Los parámetros permiten que los métodos se vuelvan más versátiles al aceptar diferentes datos como entrada, lo que conduce a un código más eficiente y mantenible. La habilidad para pasar información entre métodos es fundamental para el diseño efectivo y la implementación exitosa de programas en una variedad de entornos y paradigmas de programación.

## 20. Crea un cubo que cambie de nombre para indicar cuántas veces has clicado en otro cubo.

**Tiempo:** 20 minutos

```
using UnityEngine;
public class RenombradorDeCubos : MonoBehaviour
{
   public GameObject cuboARenombrar;
   private int contadorDeClics = 0;
   private void OnMouseDown()
   {
      contadorDeClics++;
      RenombrarCubo();
   }
   private void RenombrarCubo()
   {
      if (cuboARenombrar != null)
      {
         cuboARenombrar.name = "Cubo Clickeado "
         + contadorDeClics.ToString();
      }
   }
}
```

La condición `cuboARenombrar!=null` se utiliza para verificar si la referencia a un objeto (`cuboARenombrar` en este caso) no es nula antes de intentar acceder o manipular dicho objeto. En programación, un valor nulo indica la ausencia de un objeto válido en una variable.

Es crucial revisar si un objeto referenciado no es nulo antes de realizar operaciones en él para evitar errores de ejecución, conocidos como **excepciones de referencia nula**

NOTAS

o **NullPointerExceptions.** Cuando una variable contiene un valor nulo y se intenta acceder a sus propiedades o métodos, el programa puede fallar bruscamente, ya que no hay un objeto real al que hacer referencia.

La condición `cuboARenombrar!=null` se traduce como «cuboARenombrar no es nulo». Si la condición es verdadera, significa que la referencia `cuboARenombrar` apunta a un objeto válido en la memoria, por lo que es seguro realizar operaciones en ese objeto. Si la condición es falsa, indica que `cuboARenombrar` contiene un valor nulo, y realizar operaciones en un objeto nulo podría provocar errores.

Esta precaución es especialmente relevante cuando se trabaja con Unity y otros entornos de desarrollo de juegos, donde la jerarquía de objetos puede cambiar de forma dinámica durante la ejecución. Un objeto puede ser destruido o desvinculado, dejando la referencia como nula.

Revisar que un objeto no sea nulo antes de interactuar con él es una práctica defensiva que ayuda a garantizar la estabilidad y la integridad del programa, evitando fallos inesperados y permitiendo un manejo adecuado de los casos en los que los objetos pueden no estar presentes.

El **uso de variables públicas** para referenciar objetos o componentes de la jerarquía en Unity es una práctica común y útil. Al declarar una variable como pública se le otorga visibilidad desde el inspector de Unity, lo que significa que puedes asignar objetos o componentes a esta variable directamente desde la interfaz gráfica de Unity.

NOTAS

Esta técnica es especialmente útil cuando necesitas que un *script* interactúe con otros objetos o componentes en la escena. Por ejemplo, al declarar una variable pública del tipo `GameObject` o de otro tipo específico, puedes asignarle un valor desde el inspector de Unity, vinculando así el *script* con el objeto deseado. Esto permite una mayor flexibilidad y modularidad, ya que puedes ajustar las referencias sin necesidad de modificar el código fuente.

Es importante enlazar adecuadamente estos objetos o componentes en el inspector de Unity para evitar que las **variables públicas** sean nulas durante la ejecución del programa. Si una variable pública no está enlazada, Unity asignará automáticamente el valor predeterminado, que para la mayoría de los objetos será nulo. Acceder a una variable nula puede provocar errores en tiempo de ejecución, como las **excepciones de referencia nula**.

> Por lo tanto, al hacer uso de variables públicas, es importante verificar que estén enlazadas adecuadamente en el inspector para garantizar un comportamiento correcto del *script*. Esta práctica asegura que las referencias sean válidas antes de intentar interactuar con los objetos o componentes vinculados, evitando así posibles fallos inesperados y mejorando la robustez del código.

# SEGUNDA PARTE

NOTAS

Ahora que ya hemos practicado lo más básico de la programación y nos hemos hecho una idea de cómo funcionan el Transform y los GameObjects, podemos comenzar con ejercicios sobre conceptos un poco más avanzados y muy necesarios. Me estoy refiriendo, cómo no, a los bucles. Los **bucles** no son herramientas complicadas cuando se entienden, pero se necesita mucha práctica para integrarlos en nuestras técnicas de artes marciales del código. Una vez que adquieras cierta soltura deberías saber cuándo necesitas un bucle casi de una forma natural, sin tener que pensarlo mucho.

Además, los bucles están íntimamente relacionados (casi siempre) con las **colecciones de datos**. Es así como se llama a los *arrays*, las listas y otras estructuras. Para los ejercicios de este bloque, y de todo el libro, usaremos principalmente *arrays* o listas, en función de si queremos colecciones fijas o dinámicas.

En este apartado también comenzarán a aparecer ejercicios donde se crean objetos en la escena. Veremos cómo hacerlo con y sin **prefabs**, los objetos que nos preparamos previamente (nos prefabricamos) para clonar en la escena.

## A VUELTAS CON LOS BUCLES

El lenguaje C# permite el uso de varios tipos de bucles. Los más utilizados suelen ser los bucles `for`, por lo que te recomiendo que le des un repaso a la teoría antes de comenzar con esta sección. Muchos alumnos me llaman la atención sobre el método `Update` cuando les explico los bucles. Efectivamente, podríamos decir que este método de Unity se comporta como un bucle, aunque no lo sea. Esto es debido a que se llama constantemente. No en vano en otros sistemas, y en el desarrollo clásico de videojuegos,

NOTAS

este método se suele llamar `Loop`, o `GameLoop`. Sin embargo, debes tener en cuenta algo importante. Si utilizas un bucle como `for` dentro de `Update`, el bucle se ejecutará por completo antes de pasar al siguiente fotograma. Ten cuidado con eso para evitar que los fotogramas por segundo de tu juego disminuyan drásticamente.

Si crees que lo sabes todo sobre los bucles, te recomiendo ir al ejercicio 26, que podemos considerar un jefe de área. Es especialmente rebuscado y apto para quienes quieren un desafío a la altura de su kungfú.

## 21. Crea un bucle que sume los primeros quinientos números pares.

**Tiempo:** 10 minutos

Para sumar los primeros quinientos números pares, puedes utilizar un bucle `for` en C# de la siguiente manera:

```
int suma = 0;
for (int i = 2; i <= 1000; i += 2)
{
  suma += i;
}
Console.WriteLine("La suma de los primeros 500
números pares es: " + suma);
```

NOTAS

Puedes poner el código en la función Start.

En este bucle `for`, comenzamos desde 2 (el primer número par) y avanzamos de dos en dos hasta llegar a `1000` (el quingentésimo número par). En cada iteración, sumamos el número par actual a la variable `suma`. Al final del bucle, mostramos el resultado en la consola.

¿Pusiste `500` en la condición del bucle en vez de `1000`? ¿Consideraste par el cero? Como ves, este ejercicio tenía un poco de trampa, pero así es más divertido a veces, ¿no?

El **cero** no se considera par porque la definición matemática de números pares e impares se basa en la divisibilidad entre 2. Un número entero se considera par si es divisible entre 2 sin dejar un residuo (resto) y se considera impar si no es divisible entre 2 sin dejar un residuo.

El cero, cuando se divide entre 2, no deja un residuo, lo que cumple con la definición de número par. Sin embargo, históricamente, el cero se considera un número especial y no se clasifica como par ni impar debido a su naturaleza única. Generalmente se le trata como una excepción y se le asigna su propia categoría, a menudo denominada «número neutral» o «número no par ni impar».

NOTAS

## 22. Crea una línea de diez cubos en el eje X usando un bucle, sin usar prefabs.

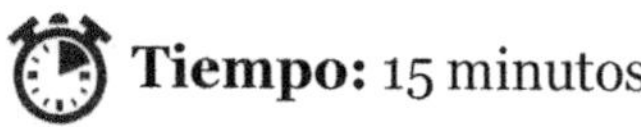

**Tiempo:** 15 minutos

```
void Start()
{
  for (int i = 0; i < 10; i++)
  {
    GameObject cubo = GameObject.
    CreatePrimitive(PrimitiveType.Cube);
    cubo.transform.position = new Vector3(i * 2, 0,
    0);
  }
}
```

En el método `Start`, que se ejecuta automáticamente al iniciar el objeto al que pertenece el *script*, encontramos un bucle `for`. Este bucle se ejecutará diez veces, ya que la condición es que la variable `i` sea menor que diez. Cada iteración del bucle realiza una tarea específica: la creación y posicionamiento de un cubo en el espacio tridimensional.

Dentro del bucle, se utiliza la función `GameObject.CreatePrimitive(PrimitiveType.Cube)` para generar un objeto primitivo tipo cubo. En Unity, los objetos primitivos son formas geométricas básicas, y en este caso, se trata de un cubo. La variable `cube` se utiliza para almacenar una referencia al nuevo cubo creado.

La línea siguiente es crucial para entender cómo se distribuyen los cubos en el espacio. `cube.transform.position` accede al componente `Transform` del objeto cubo, que define su posición en el espacio tridimensional. La posición se establece mediante el constructor `new Vector3(i*2,0,0)`. Aquí, `i*2` determina la coordenada X de cada cubo. Debido al incremento lineal de `i` en cada

NOTAS

iteración del bucle, cada cubo se coloca en una posición X, que es el doble del valor de `i`. La coordenada Y se mantiene en `0` y la coordenada Z se establece en `0`, manteniendo todos los cubos en el mismo plano horizontal.

En términos prácticos, este *script* genera una fila de diez cubos en el eje X, en la que cada cubo se ubica a una distancia de dos unidades entre sí. El resultado visual es una serie de cubos consecutivos alineados horizontalmente en la escena del juego de Unity.

Este tipo de *script* es útil para crear patrones repetitivos o elementos estructurados en el entorno del juego. En este caso, la repetición del cubo con una posición espacial predefinida crea una formación lineal ordenada. Es común utilizar bucles en programación para generar objetos en series o realizar tareas similares de manera eficiente.

En términos de rendimiento y legibilidad del código, este *script* es eficaz. Sin embargo, para casos más complejos o necesidades específicas, se podrían considerar enfoques adicionales. Por ejemplo, podrían implementarse estructuras de datos para almacenar información sobre la posición y el tipo de objetos que se crean dinámicamente, lo que permite una mayor flexibilidad y modularidad en el diseño del juego.

En conclusión, este *script* ejemplifica cómo utilizar bucles y funciones de Unity para generar patrones repetitivos de objetos en una escena tridimensional. Aunque es simple, sienta las bases para comprender conceptos más avanzados en el desarrollo de juegos y proporciona una introducción práctica al uso de bucles y manipulación de objetos en Unity.

## 23. Instanciar una pared de cubos vertical usando un prefab.

**Tiempo:** 20 minutos

```
public GameObject prefabCubo;
public int anchoMuro = 10;
public int altoMuro = 10;

void Start()

{

  for(int i = 0; i < altoMuro; i++)

    {

      for(int j = 0; j < anchoMuro; j++)

      {

        Instantiate(prefabCubo, new Vector3(j, i, 0), Quaternion.identity);

      }

    }

  }

}
```

Recuerda enlazar el prefab del cubo con la variable pública `prefabCubo` en el inspector de Unity.

Para crear un prefab realiza las siguientes acciones:

- Crea un nuevo objeto en la escena.
- Ajusta las propiedades y componentes del objeto a tu gusto.
- Arrastra el objeto desde la escena hasta el panel de Proyecto. Esto creará un nuevo prefab.
- Ahora puedes eliminar el objeto de la escena. Cuando quieras usar el prefab, simplemente arrástralo desde el panel de Proyecto hasta la escena.

La función `Instantiate` es una función clave en Unity que se utiliza para **crear instancias de objetos** (también conocidos como «game objects» o «prefabs») en tiempo de ejecución. Permite clonar un prefab en la escena durante la ejecución del juego. No olvides consultar de forma frecuente la documentación de Unity para saber más sobre las funciones del motor.

## Variables y asignaciones

El código comienza declarando dos variables públicas. `prefabCubo` es de tipo `GameObject` y sirve como referencia al objeto cubo que se instanciará. `anchoMuro` y `altoMuro` son enteros que determinan las dimensiones de la pared, especificando el número de cubos en el ancho y en la altura.

## Bucle anidado

El bucle exterior, controlado por la variable i, se ejecuta «altoMuro» veces, lo que significa que recorre las filas de la pared. Cada iteración del bucle exterior representa una fila en la coordenada Y.

Dentro del bucle exterior, hay otro bucle `for` controlado por `j`. Este bucle se ejecuta «anchoMuro» veces, representando las columnas en la coordenada X. Cada iteración del bucle interior representa una columna en la fila actual.

## Instanciación de cubos

Dentro del bucle interior, se utiliza la función `Instantiate` para crear una copia del objeto referenciado por `prefabCubo` (en este caso, un cubo). Los parámetros de `Instantiate` son:

- El objeto que instanciar.
- La posición en la que se colocará.
- La rotación inicial.

La posición de cada cubo se define mediante `new Vector3(j,i,0)`. Aquí, `j` representa la coordenada X (columna), `i` representa la coordenada Y (fila) y `0` representa la coordenada Z (profundidad). Así, cada cubo se coloca en una posición única dentro de la pared tridimensional.

La rotación se establece mediante `Quaternion.identity`, que representa una rotación nula. En este caso, los cubos se colocan con su orientación predeterminada.

NOTAS

***Resultado visual***: Este *script* crea una pared tridimensional de cubos en Unity. La disposición y cantidad de cubos están determinadas por las variables `anchoMuro` y `altoMuro`. Los bucles `for` anidados permiten recorrer cada fila y columna de la pared, y la función `Instantiate` crea un cubo en cada posición de la matriz tridimensional, generando así una pared ordenada de cubos.

Este tipo de código es útil para generar estructuras repetitivas y patrones visuales en un entorno de juego. Además, la capacidad de ajustar las dimensiones de la pared mediante variables facilita la creación de estructuras más complejas o adaptativas según las necesidades específicas del diseño del juego.

## 24. Instanciar un cubo hecho de cubos usando un prefab.

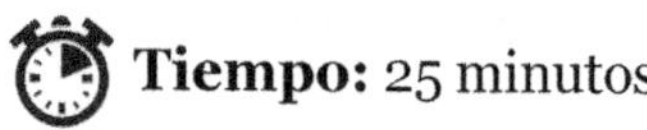

**Tiempo:** 25 minutos

```
public class SpawnCubes : MonoBehaviour
{
    public GameObject prefabCubo;
    public int cuboTam = 10;
    void Start()
    {
        for(int x = 0; x < cuboTam; x++)
        {
            for(int y = 0; y < cuboTam; y++)
            {
                for(int z = 0; z < cuboTam; z++)
                {
                    Instantiate(prefabCubo, new Vector3(x, y,
                    z), Quaternion.identity);
                }
            }
        }
    }
}
```

Este *script* crea un cubo de cubos, de tamaño `cuboTam` x `cuboTam` x `cuboTam`. Asegúrate de arrastrar tu prefab de cubo a la variable `prefabCubo` en el inspector de Unity.

NOTAS

> Los **bucles anidados** son una estructura en la programación que involucra la inclusión de un bucle dentro de otro. Esta técnica permite repetir una serie de instrucciones dentro de otro conjunto de instrucciones repetitivas. Este tipo de bucles son fundamentales en la construcción de algoritmos complejos y en la manipulación eficiente de estructuras de datos, y ofrecen una herramienta poderosa para abordar problemas que requieren iteración en múltiples niveles.

Uno de los casos más comunes para el uso de bucles anidados es cuando se trabaja con **matrices o estructuras bidimensionales**. En una matriz, que puede entenderse como una tabla de valores organizada en filas y columnas, se pueden emplear bucles anidados para recorrer cada elemento individual. El bucle exterior generalmente se encarga de iterar sobre las filas, mientras que el bucle interior se encarga de recorrer las columnas. Esto proporciona un método sistemático para acceder a cada elemento de la matriz.

El **concepto clave detrás de los bucles anidados** es que el bucle interno se ejecuta completamente para cada iteración del bucle externo. Por ejemplo, si tienes un bucle externo que representa las filas de una matriz y un bucle interno que representa las columnas, el bucle interno se ejecutará completamente para cada fila antes de pasar a la siguiente fila con el bucle externo. Esto permite un control preciso sobre cada elemento en la estructura bidimensional.

Otro caso típico de uso de bucles anidados es cuando se trabaja con operaciones de combinación o búsqueda en dos conjuntos de datos. Supongamos que tienes una lista de elementos en dos dimensiones y deseas comparar cada elemento

NOTAS

de la primera lista con cada elemento de la segunda lista. Los bucles anidados ofrecen un enfoque sistemático para realizar esta comparación, ya que el bucle externo puede recorrer la primera lista y el interno la segunda.

Un aspecto importante que debe considerarse al trabajar con bucles anidados es la **eficiencia**. La complejidad de un conjunto de bucles anidados puede ser significativa, sobre todo si el tamaño de los conjuntos de datos es grande. El número total de iteraciones se determina multiplicando el número de iteraciones de cada bucle. Por lo tanto, bucles anidados con un alto grado de anidamiento pueden llevar a un aumento exponencial en la complejidad.

La **legibilidad del código** también es un factor que hay que tener en cuenta. Aunque los bucles anidados ofrecen una solución elegante para ciertos problemas, un exceso de anidamiento puede dificultar la comprensión del código. En muchos casos, es posible refactorizar el código para mejorar la legibilidad y reducir el anidamiento, dividiendo las tareas en funciones o utilizando otras estructuras de control.

NOTAS

## 25. Instanciar un bloque de cubos como en el ejercicio 24, pero utilizar diferentes prefabs para generar capas de piedra, tierra y césped, como si fuese una sección de suelo del juego Minecraft.

 **Tiempo:** 30 minutos

```
public class GeneradorBloque : MonoBehaviour
{
  public GameObject piedraPrefab;  //  Asigna el
  //  prefab de piedra en el inspector
  public GameObject tierraPrefab;  //  Asigna el
  //  prefab de tierra en el inspector
  public GameObject cespedPrefab;  //  Asigna el
  //  prefab de césped en el inspector
  public int ancho = 10;  //  Ancho del bloque
  public int alto = 5;  //  Altura del bloque
  public int largo = 10;  //  Largo del bloque
  void Start()
  {
    for (int x = 0; x < ancho; x++)
    {
      for (int y = 0; y < alto; y++)
      [
        for (int z = 0; z < largo; z++)
        {
          GameObject prefab = null;
          //  Determina el tipo de bloque según la
          //  posición
          if (y == 0)
          {
            prefab = piedraPrefab;
          }
```

NOTAS

```
                    else if (y == alto - 1)
                    {
                        prefab = cespedPrefab;
                    }
                    else
                    {
                        prefab = (Random.Range(0, 2) == 0) ?
                        piedraPrefab : tierraPrefab;
                    }
                    // Calcula la posición de instanciación
                    float xPos = transform.position.x + x;
                    float yPos = transform.position.y + y;
                    float zPos = transform.position.z + z;
                    // Instancia el bloque con el prefab
                    // correspondiente
                    Instantiate(prefab, new Vector3(xPos,
                    yPos, zPos), Quaternion.identity,
                    transform);
                }
            }
        }
    }
}
```

Este código generará un bloque de cubos con capas de piedra, tierra y césped seleccionando aleatoriamente entre piedra y tierra para las capas intermedias. Asegúrate de asignar los prefabs de piedra, tierra y césped a las variables correspondientes en el inspector. Luego define el ancho, alto y largo en el inspector y ejecuta la escena para ver cómo se genera el bloque de cubos.

NOTAS

Para asignar materiales a los prefabs y cambiar el color en Unity, sigue los siguientes pasos:

- Crea materiales en la ventana Project y configura sus propiedades visuales.
- Selecciona el prefab al que deseas asignar un material.
- En la ventana Inspector del prefab, busca la sección Materials o Renderers.
- Arrastra el material deseado desde la ventana Project y suéltalo en la lista de materiales del prefab.
- Repite el proceso para otros prefabs si es necesario.
- Ejecuta la escena para ver los objetos generados con los materiales y colores asignados.

## El operador ternario

El **operador ternario** en C# es una construcción sintáctica que permite realizar una evaluación condicional en una sola línea de código. También se conoce como operador condicional u operador ternario condicional debido a que tiene tres operandos. La forma general del operador ternario es:

```
condición ? expresión_si_verdadero : expresión_si_
falso;
```

En esta expresión, la condición es una expresión booleana que se evalúa como verdadera o falsa. Si la condición es verdadera, se ejecuta la expresión que sigue al símbolo de interrogación (?), y si es falsa, se ejecuta la expresión que sigue al símbolo de dos puntos (:).

Una característica clave del operador ternario es que devuelve un valor basado en la evaluación de la condición. Esto facilita su integración en asignaciones de variables o en la construcción de expresiones más complejas.

Veamos un ejemplo simple para entender su funcionamiento:

```
int edad = 20;

string mensaje = (edad >= 18) ? "Eres mayor de edad"
: "Eres menor de edad";
```

En este ejemplo, la condición es `edad` >= 18. Si la edad es mayor o igual a `18`, la expresión resultante será «Eres mayor de edad»; de lo contrario, será «Eres menor de edad». La variable `mensaje` contendrá el resultado de esta evaluación condicional.

El operador ternario es especialmente útil cuando deseas realizar una operación basada en una condición simple y prefieres mantener el código compacto. Sin embargo, su uso excesivo o en situaciones complejas puede afectar la legibilidad del código, por lo que se recomienda utilizarlo con moderación para no comprometer la claridad del código fuente.

Es importante mencionar que el operador ternario no es una alternativa a las estructuras de control de flujo, como el `if-else`, ya que está diseñado para situaciones en las que se desea asignar un valor basado en una condición en

una única línea. Las estructuras de control de flujo son más apropiadas cuando se requieren bloques de código más extensos o cuando se tienen múltiples condiciones que deben evaluarse de manera secuencial.

Además, este operador puede anidarse para manejar múltiples condiciones en una expresión. Por ejemplo:

```
int numero = 10;

string resultado = (numero > 0) ? "Positivo" :
(numero < 0) ? "Negativo" : "Cero";
```

En este caso, el resultado será «Positivo» si `numero` es mayor que `0`, «Negativo» si es menor que `0` y «Cero» si es igual a `0`.

## 26. Instancia una pirámide hecha de cubos.

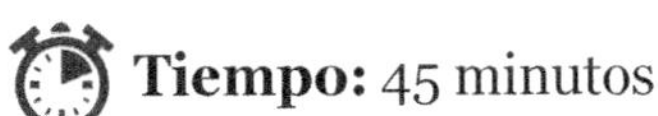

**Tiempo:** 45 minutos

Este es un ejercicio similar al de generar un cubo hecho de cubos, pero con un grado más de dificultad, ya que se debe controlar la altura a la que estamos y la colocación de la posición con más precisión.

```
using UnityEngine;
public class Piramide : MonoBehaviour

{

   public GameObject prefabCubo;
   //  Referencia al prefab del cubo

   public int baseTam = 5;
   //  Tamaño de la base de la pirámide

   public int altura = 3;
   //  Altura de la pirámide

   void Start()
```

NOTAS

```
    {
        CrearPiramide();
    }
    void CrearPiramide()
    {
        //  Altura de la pirámide
        for (int y = 0; y < altura; y++)
        {
            //  Cada nivel de la pirámide tiene un cubo
            //  menos en cada dimensión X y Z
            int currentLevelSize = baseTam - y;
            //  Crear un nivel de la pirámide
            for (int x = 0; x < currentLevelSize; x++)
            {
                for (int z = 0; z < currentLevelSize; z++)
                {
                    //  Calcular la posición del cubo actual
                    Vector3 cubePosition = new Vector3(x
                    - currentLevelSize / 2F, y, z -
                    currentLevelSize / 4F);
                    //  Instanciar el cubo en la posición
                    //  calculada
                    Instantiate(prefabCubo, cubePosition,
                    Quaternion.identity, transform);
                }
            }
        }
    }
}
```

Este código crea una pirámide de cubos en Unity, donde el tamaño de la base y la altura son ajustables y utiliza un prefab de cubo para generar la estructura.

NOTAS

En Unity, `Quaternion.identity` es una constante que representa la rotación nula o «identidad» en términos de cuaterniones. Un **cuaternión** es un tipo de estructura de datos que se utiliza comúnmente para representar rotaciones tridimensionales.

Cuando se utiliza `Quaternion.identity`, estás indicando que no se debe aplicar ninguna rotación al objeto. En otras palabras, estableces la rotación del objeto en su estado inicial, sin cambiar su orientación en el espacio.

Esta constante es útil cuando deseas asegurarte de que un objeto no tenga ninguna rotación cuando se inicializa o resetea. Por ejemplo, al instanciar un objeto o al reiniciar su posición y rotación, puedes usar `Quaternion.identity` para asegurarte de que la rotación sea neutral.

```
using UnityEngine;
public class EjemploRotacion : MonoBehaviour
{
void Start()
   {
   //  Establecer la rotación inicial del objeto como
   //  la identidad (sin rotación)
   transform.rotation = Quaternion.identity;
   }
}
```

En este ejemplo, `transform.rotation = Quaternion.identity` garantiza que la rotación del objeto al inicio sea neutral, evitando cualquier rotación previa que pueda haber sido aplicada.

Este ejercicio es especialmente complicado, por lo que no te preocupes mucho si no has sabido resolverlo o incluso si

no lo entiendes a la primera. Guárdalo como referencia de las cosas complejas que se pueden hacer anidando bucles.

## COLECCIONES Y BUCLES

Una vez que hemos practicado un poco con los bucles y la instanciación para generar algunos objetos en la escena, vamos a descubrir la potencia de las colecciones como los *arrays* y las listas en una serie de ejercicios que iremos combinando con los bucles ya vistos. Comenzamos con algo sencillo y vamos aumentando la dificultad.

Cuidado con el ejercicio 30... Su maldad puede pillarte por sorpresa.

### 27. Crea un cubo que se desplace uniformemente entre los puntos de un *array* o lista pública de vectores 3.

**Tiempo:** 25 minutos

```
using UnityEngine;
using System.Collections.Generic;
public class MovimientoEntrePuntos : MonoBehaviour
{
    public List<Vector3> puntos;
    //  Lista de puntos a los que se moverá el cubo
    public float velocidad = 2.0F;
    //  Velocidad de movimiento
    private int puntoActual = 0;
    //  Índice del punto al que se mueve
    void Update()
```

NOTAS

```
    {
        if (puntos.Count == 0)
        return;  // Evita errores si la lista de puntos
        // está vacía
        // Calcula la dirección hacia el punto actual
        Vector3 direccion = (puntos[puntoActual] -
        transform.position).normalized;
        // Mueve el cubo hacia el punto actual
        transform.Translate(direccion * velocidad *
        Time.deltaTime);
        // Comprueba si el cubo ha llegado al punto
        // actual
        if (Vector3.Distance(transform.position,
        puntos[puntoActual]) < 0.1F)
        {
            // Si ha llegado, avanza al siguiente punto
            // en la lista
            puntoActual = (puntoActual + 1) % puntos.
            Count;
        }
    }
}
```

El cubo se moverá uniformemente entre los puntos de la lista de `vectores3`, pasando de un punto al siguiente. Recuerda dar de alta varios puntos en el inspector de Unity, dentro de la variable pública puntos. A medida que alcanza un punto, se dirigirá hacia el siguiente en la lista, creando un movimiento suave y uniforme. Puedes ajustar la velocidad y la lista de puntos según tus necesidades.

Este *script* podría haber usado un *array* en lugar de una lista, ya que el número de elementos es fijo. Pero si decidiésemos usarlo para el itinerario de un objeto que pueda variar en tiempo de ejecución, la lista sería más apropiada.

## Un poco más sobre diferencias entre listas y *arrays*

Los *arrays* y las listas son estructuras de datos comúnmente utilizadas en programación y, aunque comparten el propósito fundamental de almacenar colecciones de elementos, presentan diferencias clave.

En términos de **tamaño**, los *arrays* tienen dimensiones fijas que deben especificarse en su creación, mientras que las listas ofrecen la flexibilidad de cambiar su tamaño dinámicamente. Esto hace que las listas sean más adecuadas cuando la cantidad exacta de elementos no es conocida previamente.

En cuanto a la **eficiencia** en operaciones dinámicas, las listas superan a los *arrays*. Las inserciones y eliminaciones de elementos son más eficientes en las listas, ya que no requieren el desplazamiento de elementos, a diferencia de los *arrays*, donde estas operaciones pueden ser más costosas.

El **acceso a elementos** también presenta diferencias. Mientras que en los *arrays* el acceso es directo mediante índices, en las listas implica una navegación secuencial. Aunque ambos ofrecen un tiempo de acceso constante, los *arrays* tienden a ser ligeramente más rápidos en este aspecto.

La **implementación subyacente** también difiere, ya que los *arrays* son una estructura de datos básica, mientras que las listas suelen ser implementadas como clases, proporcionando métodos más avanzados y facilitando su manejo.

En cuanto a la **sintaxis**, la declaración de *array* puede variar, pero generalmente implica especificar un tamaño fijo. Las listas, al contrario, tienen una sintaxis más flexible y amigable, permitiendo operaciones dinámicas de manera más intuitiva.

NOTAS

Ambas estructuras pueden contener cualquier **tipo de dato**, pero los *arrays* por lo general requieren que todos los elementos sean del mismo tipo, mientras que las listas pueden manejar colecciones heterogéneas.

En términos de **uso de memoria**, los *arrays* pueden ocupar más espacio, especialmente si se definen con un tamaño grande y no se utilizan completamente, mientras que las listas ocupan solo la memoria necesaria para almacenar los elementos reales.

> La elección entre usar un *array* o una lista depende de los requisitos específicos del problema. Los *arrays* son preferibles cuando la cantidad de elementos es fija y conocida, y se prioriza el acceso rápido, mientras que las listas son más adecuadas cuando se necesita flexibilidad en el tamaño de la colección y se realizan operaciones frecuentes de inserción y eliminación. La comprensión de estas diferencias facilita la toma de decisiones informadas al diseñar y optimizar programas.

NOTAS

## 28. Crea un cubo que se desplace uniformemente entre los puntos de un *array* o lista pública de `Vector3`, pero que elija aleatoriamente el siguiente punto de la colección al que desplazarse.

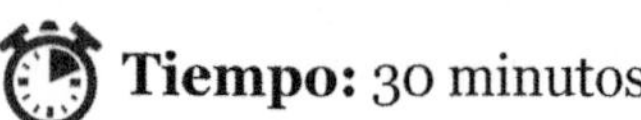

**Tiempo:** 30 minutos

Para que el cubo elija un punto al azar de la lista al que desplazarse, puedes modificar el código del ejercicio anterior de la siguiente manera:

```
using UnityEngine;
using System.Collections.Generic;
public class MovimientoEntrePuntos : MonoBehaviour
{
    public List<Vector3> puntos;
    //  Lista de puntos a los que se moverá el cubo
    public float velocidad = 2.0F;
    //  Velocidad de movimiento
    private int puntoActual;
    //  Índice del punto al que se mueve
    private int puntoDestino;
    //  Índice del punto de destino
    private void Start()
    {
        SeleccionarNuevoPuntoDestino();
    }
    private void Update()
    {
        if (puntos.Count == 0)
        return;
        //  Evita errores si la lista de puntos está
        //  vacía
        //  Calcula la dirección hacia el punto de
        //  destino
```

NOTAS

```
        Vector3 direccion = (puntos[puntoDestino] -
        transform.position).normalized;

        // Mueve el cubo hacia el punto de destino

        transform.Translate(direccion * velocidad *
        Time.deltaTime);

        // Comprueba si el cubo ha llegado al punto de
        // destino

        if (Vector3.Distance(transform.position,
        puntos[puntoDestino]) < 0.1F)

        {

            // Si ha llegado, selecciona un nuevo punto
            // de destino al azar

            SeleccionarNuevoPuntoDestino();

        }

    }

    private void SeleccionarNuevoPuntoDestino()

    {

        puntoDestino = Random.Range(0, puntos.Count);

    }

}
```

Con esta modificación, el cubo seleccionará aleatoriamente un punto de la lista como destino cada vez que llegue a su punto actual. Esto creará un movimiento aleatorio entre los puntos de la lista. El cubo cambiará de destino al azar después de alcanzar cada punto.

El método `Vector3.Distance` en Unity se utiliza para calcular la distancia escalar entre dos puntos representados por vectores tridimensionales (`Vector3`). La sintaxis del método es la siguiente:

```
float distance = Vector3.Distance(vector1, vector2);
```

donde `vector1` y `vector2` son los dos puntos entre los cuales se desea calcular la distancia. El resultado, almace-

NOTAS

nado en la variable `distance`, es la **distancia escalar**, es decir, la magnitud del vector que representa la diferencia entre `vector1` y `vector2`.

Este método utiliza la fórmula de la distancia euclidiana para calcular la distancia entre dos puntos en un espacio tridimensional.

El método `Vector3.Distance` encapsula esta operación matemática, proporcionando una manera conveniente de calcular la distancia entre dos puntos en un espacio tridimensional en Unity. Se utiliza comúnmente en situaciones en las que es necesario determinar la proximidad o separación entre objetos en un escenario tridimensional, como en sistemas de colisiones, inteligencia artificial o cualquier contexto donde la medición de distancias sea relevante.

`Count` y `Length` son métodos o propiedades utilizadas en contextos específicos para obtener información sobre la cantidad de elementos de una colección, pero difieren en sus aplicaciones y los tipos de colecciones a los que se aplican.

`Length` es una propiedad que se aplica principalmente a *arrays* en C#. La sintaxis para acceder a la propiedad `Length` es:

```
int length = array.Length;
```

...donde *array* es el nombre de un *array*. Esta propiedad devuelve el número total de elementos en el *array*. Es importante tener en cuenta que `Length` es una propiedad y no un método, y está disponible específicamente para *arrays*. Su uso es más común cuando se trabaja con estructuras de datos de tamaño fijo, como *arrays*, y su acceso es de tiempo constante.

NOTAS

Ejemplo:

```
int[] myArray = { 1, 2, 3, 4, 5 };

int arrayLength = myArray.Length; //  Devuelve 5
```

`Count` es un método o propiedad comúnmente utilizada en colecciones que implementan la interfaz `ICollection<T>` o `IEnumerable<T>`, como las listas (`List<T>`), diccionarios (`Dictionary<TKey, TValue>`), conjuntos (`HashSet<T>`), etc. La sintaxis para acceder a la propiedad `Count` es:

```
int count = collection.Count;
```

...donde `collection` es una instancia de una colección que implementa `ICollection<T>` o `IEnumerable<T>`. Al igual que `Length`, `Count` devuelve el número total de elementos en la colección. Sin embargo, a diferencia de `Length`, `Count` es una propiedad o método que puede requerir operaciones más complejas según la implementación específica de la colección. Por ejemplo, en una lista (`List<T>`), `Count` simplemente devuelve el número de elementos actualmente presentes, pero en una colección más compleja, podría implicar cálculos más elaborados.

Ejemplo:

```
List<int> myList = new List<int> { 1, 2, 3, 4, 5 };
int listCount = myList.Count; //  Devuelve 5
```

**29. Crea unos cuantos objetos con el *tag* «desaparecer» en la escena, manualmente. Al pulsar la tecla espaciadora, todos los objetos deben desactivarse. Los objetos no pueden tener ningún *script* añadido. El ejercicio ha de funcionar sin modificar el código aunque se añadan o quiten objetos de la escena.**

 **Tiempo:** 20 minutos

```
using UnityEngine;
public class DesactivarObjetos : MonoBehaviour
{
  // Etiqueta asignada a los objetos que deben
  // desaparecer
  public string etiquetaObjetosDesaparecer =
  "desaparecer";
  void Update()
  {
    // Verifica si se ha pulsado la tecla de
    // espacio
    if (Input.GetKeyDown(KeyCode.Space))
    {
      // Llama a la función
      // DesactivarObjetosDesaparecer
      DesactivarObjetosDesaparecer();
    }
  }
  void DesactivarObjetosDesaparecer()
  {
    // Busca todos los objetos con la etiqueta
    // "desaparecer"
    GameObject[]
    objetosDesaparecer = GameObject.
    FindGameObjectsWithTag
    (etiquetaObjetosDesaparecer);
```

```
        // Itera sobre la lista de objetos y los
        // desactiva
        foreach (GameObject objeto in
        objetosDesaparecer)
        {
            objeto.SetActive(false);
        }
    }
}
```

NOTAS

`FindObjectsWithTag` es una función en Unity que permite buscar y recuperar todos los objetos en la escena que tienen una etiqueta específica asignada. Esta función es parte del conjunto de funciones proporcionadas por Unity para manipular y acceder a objetos en el entorno de juego. Exploraremos detalladamente `FindObjectsWithTag` y algunas funciones relacionadas que son esenciales en el desarrollo de juegos con Unity.

La función `FindObjectsWithTag` tiene la siguiente sintaxis:

```
GameObject[] foundObjects = GameObject.
FindObjectsWithTag("etiqueta");
```

Aquí, «`etiqueta`» representa la etiqueta que se asigna a ciertos objetos en la escena de Unity. La función devuelve un *array* de objetos (`GameObject[]`) que tienen la etiqueta especificada. Puede ser especialmente útil cuando necesitas interactuar con varios objetos que comparten una característica común, identificada por la etiqueta.

El uso más común de `FindObjectsWithTag` es durante la ejecución de scripts en Unity. Por ejemplo, si tienes varios enemigos en tu escena y todos ellos están etiquetados como «Enemy», puedes usar `FindObjectsWithTag("Enemy")`

NOTAS

para acceder a todos esos enemigos en tu *script* y realizar operaciones específicas.

Un aspecto importante que debes tener en cuenta es que, aunque `FindObjectsWithTag` es una herramienta poderosa, su uso excesivo puede afectar al rendimiento. La búsqueda de objetos por etiqueta implica un escaneo de la jerarquía de objetos en la escena, lo que puede ser costoso computacionalmente. Es preferible usarlo con moderación y valorar alternativas más eficientes si estás manejando un gran número de objetos.

Además de `FindObjectsWithTag`, hay otras funciones y métodos relacionados que se utilizan para trabajar con objetos en Unity:

**1**

`GameObject.Find` es otra función que permite buscar un objeto por su nombre específico en la escena. La sintaxis es similar a `FindObjectsWithTag`, pero devuelve solo el primer objeto que encuentra con el nombre proporcionado.

```
GameObject foundObject = GameObject.
Find("NombreDelObjeto");
```

NOTAS

**2**

`GameObject.FindGameObjectsWithTag` es similar a `FindObjectsWithTag`.

`GameObject.FindGameObjectsWithTag` devuelve una lista de objetos con una etiqueta específica. La diferencia es que `FindGameObjectsWithTag` se utiliza para buscar objetos sin necesidad de acceder al objeto GameObject.

```
GameObject[] foundObjects = GameObject.
FindGameObjectsWithTag("etiqueta");
```

**3**

`GameObject.FindGameObjectWithTag` encuentra y devuelve el primer objeto con la etiqueta especificada. A diferencia de `FindObjectsWithTag`, `FindGameObjectWithTag` devuelve un solo objeto en lugar de una lista.

```
GameObject foundObject = GameObject.
FindGameObjectWithTag("etiqueta");
```

Estas funciones son herramientas valiosas para interactuar con objetos en una escena de Unity. Sin embargo, es crucial comprender sus implicaciones de rendimiento y utilizarlas de manera eficiente. Por ejemplo, `GameObject.Find` y `FindGameObjectWithTag` son útiles cuando solo necesitas un objeto específico, pero si buscas varios objetos con una característica común, `FindObjectsWithTag` y `FindGameObjectsWithTag` son más apropiados.

NOTAS

FindObjectsWithTag y las funciones relacionadas en Unity son interesantes para la manipulación y la interacción con objetos en una escena. Su uso adecuado facilita el desarrollo de juegos, pero es importante tener en cuenta las consideraciones de rendimiento para garantizar un código eficiente y optimizado.

## El bucle foreach

El bucle `foreach` en C# es una estructura de control que simplifica la iteración a través de elementos en una colección o secuencia de datos. A diferencia de otros bucles como `for`, el `foreach` se centra en la simplicidad y la legibilidad del código al proporcionar una forma más sencilla de recorrer elementos.

En su sintaxis básica, el bucle `foreach` opera sobre tipos que implementan la interfaz `IEnumerable`, como *arrays*, listas y diccionarios. La estructura típica es:

```
foreach (tipo elemento in colección)
{
  //  Código que ejecutar para cada elemento
}
```

Lo notable del `foreach` es que elimina la necesidad de trabajar con índices explícitos, permitiendo una iteración directa sobre los elementos de la colección. La variable `elemento` se declara en el bucle y toma automáticamente el tipo de los elementos en la colección.

Este bucle es especialmente útil para hacer código más legible y reducir posibles errores relacionados con los índices. Además, el `foreach` es generalizado, lo que significa que

NOTAS

puede aplicarse a cualquier tipo que implemente `IEnumerable`, promoviendo la reutilización de código.

Es importante destacar que el bucle `foreach` se utiliza para operaciones de solo lectura, ya que no proporciona una forma sencilla de modificar los elementos originales de la colección durante la iteración. Esta característica contribuye a la seguridad y estabilidad del código.

> Es decir, el bucle `foreach` en C# es una herramienta poderosa para iterar sobre elementos en colecciones, ofreciendo simplicidad, legibilidad y seguridad en la manipulación de datos. Su uso es común en situaciones en las que se requiere una iteración directa y sin complicaciones sobre elementos de una colección.

## 30. Instancia diez cubos en la escena en posiciones aleatorias entre `-10` y `10` en cada eje. Al pulsar el espacio, deben destruirse los que tengan posiciones positivas en el eje X.

 **Tiempo:** 40 minutos

```
using UnityEngine;
public class InstanciaYDestruccion : MonoBehaviour
{
  public GameObject cuboPrefab;
  public int cantidadCubos = 10;
  void Start()
  {
    InstanciarCubos();
  }
```

NOTAS

```
    void Update()
    {
        // Verifica si se ha pulsado la barra
        // espaciadora
        if (Input.GetKeyDown(KeyCode.Space))
        {
            DestruirCubosPositivosEnX();
        }
    }
    void InstanciarCubos()
    {
        for (int i = 0; i < cantidadCubos; i++)
        {
            // Genera posiciones aleatorias entre -10 y
            // 10 en cada eje
            float posX = Random.Range(-10F, 10F);
            float posY = Random.Range(-10F, 10F);
            float posZ = Random.Range(-10F, 10F);
            // Instancia el cubo en la posición
            // aleatoria
            Instantiate(cuboPrefab, new Vector3(posX,
            posY, posZ), Quaternion.identity);
        }
    }
    void DestruirCubosPositivosEnX()
    {
        // Encuentra todos los objetos con la etiqueta
        // "Cubo" (asegúrate de etiquetar los cubos en
        // la escena)
        GameObject[] cubos = GameObject.
        FindGameObjectsWithTag("Cubo");
        // Itera sobre los cubos y destruye aquellos
        // con posición positiva en el eje X
        foreach (GameObject cubo in cubos)
        {
            if (cubo.transform.position.x > 0)
            {
                Destroy(cubo);
            }
        }
    }
}
```

NOTAS

Asegúrate de etiquetar los cubos en la escena con la etiqueta «Cubo» para que puedan ser identificados y destruidos correctamente. Este *script* instancia primero los cubos en posiciones aleatorias durante el inicio y, al pulsar la barra espaciadora, destruye aquellos que tienen posiciones positivas en el eje X.

En este ejercicio hemos combinado todo lo que sabemos para crear funcionalidades cada vez más elaboradas. La programación no es más que un montón de herramientas que puedes usar con tu creatividad. Los programadores, sí, también son artistas.

## Key Code

Nos hemos dejado algo sin explicar en los ejercicios anteriores. Se trata de la clase `KeyCode`. `KeyCode` es una enumeración en Unity que proporciona una forma estandarizada de representar las teclas del teclado y otros eventos de entrada. Cada valor de `KeyCode` corresponde a una tecla específica o evento de entrada, lo que simplifica la detección y manejo de acciones del usuario en el código. Por ejemplo, `KeyCode.Space` representa la barra espaciadora, `KeyCode.W` representa la tecla W, y así sucesivamente. Al utilizar `KeyCode` en combinación con las funciones de entrada de Unity, como `Input.GetKey` o `Input.GetKeyDown`, los desarrolladores pueden escribir código que responda de manera consistente a las interacciones del usuario independientemente de la configuración del teclado o del dispositivo de entrada. Esto facilita el desarrollo de juegos y aplicaciones que se adaptan fácilmente a diferentes plataformas, ya que el código puede permanecer consistente mientras se ajusta a las preferencias individuales del usuario. La enumeración `KeyCode` nos permite controlar así fácilmente la entrada de teclado.

# TERCERA PARTE

Vamos a centrar esta tercera parte en lo que hace de Unity un motor tan versátil: los **componentes**. Hasta ahora solo hemos trabajado con GameObjects simples y con su componente principal (obligatorio para todos los GameObjects): el Transform. Sin embargo, cuando creamos cualquier primitiva o GameObject, vemos que normalmente aparecen otros componentes MeshFilter, MeshRenderer, Collider, etc. Gracias a Renderer podremos modificar el material del componente y cómo se comporta, el Collider permite detectar colisiones, etc. Comenzaremos con ejercicios que nos permitan acceder fácilmente a estos componentes e iremos viendo los más útiles e importantes para un videojuego.

## A POR LOS COMPONENTES

Los ejercicios que vienen a continuación se basan en recuperar y utilizar componentes de los GameObjects. Comenzaremos manipulando el componente Renderer, por ser uno de los más sencillos, y exploraremos unos cuantos de ellos.

NOTAS

## 31. Crea una esfera que cambie de color cuando se clica en ella.

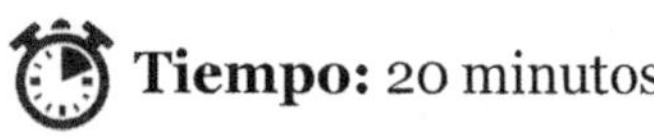

**Tiempo:** 20 minutos

```
using UnityEngine;
public class CambiarColorClick : MonoBehaviour
{
    // Este método se llama cuando se hace clic en el
    // objeto
    void OnMouseDown()
    {
        CambiarColor();
    }
    void CambiarColor()
    {
        // Cambia el color de la esfera a rojo
        GetComponent<Renderer>().material.color = Color.
        red;
    }
}
```

La línea `GetComponent<Renderer>().material.color = Color.red;` en Unity se divide en varias partes, que se combinan para cambiar el color visual de un objeto durante la ejecución del programa. Primero se utiliza el método `GetComponent<Renderer>()` para acceder al componente de renderizado del objeto al que pertenece el *script*. Este componente es responsable de la representación visual del objeto en la escena.

Una vez obtenido el componente de renderizado, se accede a su propiedad `material`, que representa el material asociado al objeto. El material en Unity contiene información sobre cómo se renderiza el objeto, incluyen-

NOTAS

do su color. Al acceder a la propiedad `color` del material, se especifica que se va a modificar el color del objeto.

Finalmente, se asigna el valor `Color.red` a la propiedad `color`. `Color.red` es una constante predefinida en Unity que representa el color rojo puro. Al asignar este color al objeto se produce un cambio visual inmediato, haciendo que el objeto aparezca completamente rojo en la escena.

## El método `GetComponent`

`GetComponent` es un método clave en Unity que permite acceder y manipular los componentes adjuntos a un GameObject durante la ejecución del programa. Este método forma parte del sistema de componentes de Unity, que se basa en la modularidad y reutilización de funcionalidades. Al llamar a `GetComponent<T>()`, donde `T` es el tipo de componente que se busca, Unity busca y devuelve el primer componente de ese tipo adjunto al GameObject al que pertenece el *script* que contiene la llamada.

Este método es uno de los mejores recursos que tenemos para interactuar dinámicamente con los elementos de un GameObject, ya que proporciona acceso a funcionalidades específicas proporcionadas por los componentes. Por ejemplo, `GetComponent<Renderer>()` permite acceder al componente de renderizado, lo que posibilita la modificación de propiedades visuales como el material, color y otros aspectos relacionados con la representación gráfica. Además, `GetComponent` es de gran utilidad cuando se trabaja con *scripts* que necesitan interactuar con otros componentes del mismo GameObject, como colisionadores, *rigidbodies* y *scripts* personalizados, entre otros.

La flexibilidad de `GetComponent` contribuye a la creación de comportamientos complejos y dinámicos en los videojuegos y aplicaciones desarrolladas en Unity. Permite a los desarrolladores acceder a las funcionalidades específicas de cada componente, facilitando la creación de interacciones y lógicas de juego variadas. La capacidad de acceder y modificar componentes en tiempo de ejecución es un componente clave de la arquitectura de Unity, pues permite una programación más eficiente y facilita la creación de experiencias interactivas y visualmente atractivas.

## 32. Crear dos esferas. Al clicar sobre una, la otra cambia de color.

 **Tiempo:** 20 minutos

```
using UnityEngine;
public class CambiarColorEsfera : MonoBehaviour
{
    public GameObject otraEsfera;
    // Referencia a la otra esfera
    private void OnMouseDown()
    {
        CambiarColorOtraEsfera();
    }
    private void CambiarColorOtraEsfera()
    {
        // Accedemos al componente Renderer del
        // otroGameObject
        Renderer rendererDelOtroObjeto = otraEsfera.
        GetComponent<Renderer>();
```

```
        // Hacemos algo con el componente, por ejemplo,
        // cambiar su color
        if (rendererDelOtroObjeto != null)
        {
            rendererDelOtroObjeto.material.color = Color.
            blue;
        }
    }
}
```

NOTAS

Cuando ya tenemos una referencia directa a otro `GameObject` y queremos acceder a uno de sus componentes utilizando `GetComponent`, podemos hacerlo de la siguiente manera en Unity. Supongamos que tenemos una variable llamada `otroGameObject` que contiene la referencia al GameObject deseado. Luego, utilizamos `GetComponent` para acceder a un componente específico.

En este ejemplo, `otraEsfera.GetComponent<Renderer>()` se utiliza para obtener el componente de renderizado del GameObject referenciado por `otroGameObject`. Es importante verificar si el componente realmente existe antes de intentar acceder a sus propiedades o métodos, ya que, en algunos casos, un GameObject puede no tener el componente deseado. Esto se realiza comprobando si el resultado de `GetComponent<Renderer>()` es diferente de `null` antes de intentar manipular el componente.

El componente `Renderer` en Unity desempeña un papel fundamental en la visualización de objetos en la escena. Es responsable de la representación gráfica de los GameObjects, pues permite que estos se visualicen en pantalla. La propiedad más destacada de este componente es `material`, que proporciona acceso al material asignado al GameObject.

NOTAS

## La propiedad material

Un material en Unity define cómo se renderiza un objeto al determinar sus propiedades visuales, como color, texturas, brillo y sombras. La propiedad `material` del `Renderer` permite acceder y modificar dinámicamente estas propiedades, proporcionando una manera poderosa de afectar a la apariencia visual de un objeto en tiempo de ejecución.

Cuando se obtiene la referencia al material mediante `Renderer.material`, se abre un abanico de posibilidades para **personalizar la apariencia del objeto**. La propiedad `color` del material permite cambiar el color del objeto, lo cual es una operación común y versátil. Además, `mainTexture` proporciona acceso a la textura principal del material, permitiendo así realizar manipulaciones específicas de texturas.

Manipulando materiales podemos lograr efectos visuales dinámicos. Por ejemplo, cambiar la propiedad `color` de un material puede indicar estados de juego, transiciones o interacciones del usuario. La transparencia también se logra a través de la propiedad `alpha` del color, lo que permite que un objeto sea semitransparente.

Además de las propiedades de color, los materiales también pueden contener *shaders* personalizados que determinan cómo interactúan con la luz y cómo se representan en pantalla. La propiedad `shader` del material proporciona acceso al *shader* subyacente, lo que permite realizar manipulaciones más avanzadas y efectos visuales personalizados.

Es importante destacar que la propiedad `material` del `Renderer` devuelve una copia del material. Esto significa

que al modificar propiedades del material a través de `Renderer.material`, se está trabajando con una instancia única del material específico de ese GameObject, sin afectar a otros objetos que puedan compartir el mismo material inicial.

## 33. Genera un efecto de movimiento modificando el *offset* de la textura de un material de un plano o *quad*.

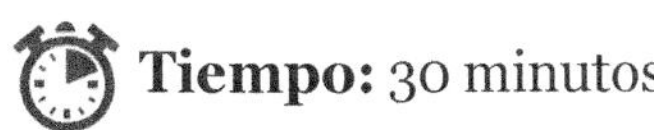


Crea un plano o un *quad* y asígnale un material con alguna textura que no sea un color plano. Añade el siguiente *script* como componente al objeto:

```
using UnityEngine;
public class MovimientoTextura : MonoBehaviour
{
  public float velocidadX = 0.5F;
  public float velocidadY = 0.5F;
  Renderer rend;
  void Start()
  {
    //  Obtener el componente Renderer del objeto
    rend = GetComponent<Renderer>();
  }
  void Update()
  {
    //  Calcular el nuevo offset de la textura
    //  basado en el tiempo
    float offsetX = Time.time * velocidadX;
    float offsetY = Time.time * velocidadY;
```

NOTAS

```
            // Crear un nuevo Vector2 con el offset calculado
            Vector2 offset = new Vector2(offsetX, offsetY);
            // Asignar el nuevo offset al material
            rend.material.SetTextureOffset("_MainTex",
            offset);
        }
    }
```

La clase `Vector2` en Unity es una representación matemática de un vector bidimensional, un concepto fundamental en geometría y álgebra lineal. Este tipo de datos proporciona una manera eficiente y conveniente de manipular coordenadas bidimensionales en el desarrollo de videojuegos y aplicaciones interactivas.

Un `Vector2` está compuesto por dos componentes: `x` e `y`, que representan las coordenadas en el plano cartesiano. Estas componentes se utilizan para describir la posición de un punto, la dirección de un vector o la escala en dos dimensiones. La versatilidad de `Vector2` radica en su capacidad para abordar numerosos aspectos relacionados con el espacio bidimensional en un entorno de desarrollo.

> Una de las aplicaciones más comunes de `Vector2` es representar posiciones en la pantalla. Por ejemplo, al diseñar un juego en 2D, las posiciones de los personajes, objetos y elementos visuales se pueden expresar mediante instancias de `Vector2`. La capacidad de manipular estas posiciones, como sumar dos vectores para obtener una nueva posición o interpolar entre dos vectores para lograr un movimiento suave, hace que `Vector2` sea una de las estructuras más importantes que vamos a usar continuamente en el desarrollo de videojuegos. Especialmente para videojuegos 2D.

NOTAS

Además de representar posiciones, `Vector2` se utiliza para describir direcciones y velocidades. Al considerar un vector como una flecha en el plano, la dirección del vector se determina por la relación entre sus componentes `X` e `Y`. Esto resulta útil al calcular trayectorias, detectar colisiones o definir movimientos específicos.

La magnitud de un `Vector2`, que se puede obtener mediante la función `magnitude` o `sqrMagnitude`, representa la longitud del vector y se utiliza para calcular distancias o normalizar vectores. Normalizar un vector implica ajustar sus componentes para que su magnitud sea igual a `1`, lo que simplifica ciertos cálculos y es especialmente útil en física de juegos.

Otro aspecto clave de `Vector2` es su capacidad para realizar operaciones matemáticas y geométricas. Esto incluye la suma y resta de vectores, la multiplicación y la división por escalares, y diversas operaciones trigonométricas que permiten manipular la dirección y la rotación de vectores en el plano.

En el desarrollo de juegos en 2D, `Vector2` también se utiliza para definir dimensiones, escalas y tamaños. La capacidad de cambiar la escala de un vector permite ajustar el tamaño de objetos o realizar animaciones de cambio de tamaño de manera eficiente.

## La función `SetTextureOffset`

La función `SetTextureOffset` en Unity es un método asociado al componente `Renderer` que permite modificar dinámicamente el desplazamiento de una textura aplicada a un material. Es una función crucial para crear efectos visuales como el movimiento de texturas en tiempo de ejecución.

NOTAS

Este método toma dos argumentos: el nombre de la propiedad de textura que se desea modificar y un vector `offset` que representa el desplazamiento en las coordenadas de textura X e Y. Comúnmente, la propiedad de textura principal se denomina `"_MainTex"` en los *shaders* estándares de Unity. Así, `SetTextureOffset("_MainTex", offset)` modificará el desplazamiento de la textura principal del material.

La función `SetTextureOffset` se utiliza comúnmente en combinación con el tiempo para crear animaciones o efectos de movimiento en objetos de la escena. Por ejemplo, al multiplicar el tiempo por una velocidad y aplicar el resultado como *offset*, se logra un efecto de desplazamiento continuo de la textura.

Es importante destacar que este método es especialmente útil cuando se desea lograr animaciones visuales sin tener que cambiar la textura en sí. Puede aplicarse a objetos con materiales que contienen texturas, como planos o *quads*, proporcionando una manera eficiente de agregar dinamismo visual.

`SetTextureOffset` es una función útil en Unity para manipular el aspecto visual de los objetos en tiempo de ejecución al ajustar dinámicamente el desplazamiento de texturas en un material. Su uso es fundamental para crear efectos visuales como el paralaje (*parallax*, en inglés), contribuyendo a la riqueza visual y dinamismo en juegos y aplicaciones desarrolladas en Unity.

# A POR LAS FÍSICAS

NOTAS

Ahora que hemos practicado un poco con `GetComponent` y ya lo hemos utilizado para practicar con `Renderer`, vamos a sumergirnos en el apasionante mundo de los **colisionadores** (llamados HitBox, Collider, etc.) y los **Rigidbodies**. Los primeros determinan el área de colisión y los segundos otorgan al GameObject instrucciones para saber cómo se tienen que calcular las físicas de ese objeto. Además, los Colliders también pueden incluir un material físico (Physic Material) que permite modificar otros aspectos de las físicas del objeto, como su energía al rebotar.

Por otro lado, a partir del ejercicio 40 veremos unos cuantos ejemplos de Raycast, que, aunque no es un componente, sí que depende del motor de físicas de Unity y es una herramienta que todo programador de videojuegos debe dominar.

## 34. Crea una esfera roja que se vuelve verde mientras está en contacto con el suelo.

**Tiempo:** 30 minutos

```
using UnityEngine;
public class CambiarColor : MonoBehaviour
{
    private Renderer rend;
    private Color colorOriginal;
    public Color colorContacto = Color.green;
    void Start()
    {
        rend = GetComponent<Renderer>();
        colorOriginal = rend.material.color;
    }
```

NOTAS

```
    void OnCollisionEnter(Collision collision)
    {
        if (collision.gameObject.CompareTag("Suelo"))
        {
            // Cambiar el color a verde cuando está en
            // contacto con el suelo
            rend.material.color = colorContacto;
        }
    }
    void OnCollisionExit(Collision collision)
    {
        if (collision.gameObject.CompareTag("Suelo"))
        {
            // Restaurar el color original al salir del
            // suelo
            rend.material.color = colorOriginal;
        }
    }
}
```

El *script* comienza declarando dos variables privadas, `Renderer` y `Color`. La primera se utiliza para acceder al componente de renderizado del objeto y la segunda almacena el color original del objeto antes de cualquier cambio.

A continuación, se declara una variable pública `Color` llamada `colorContacto`, que representa el color al que cambiará el objeto cuando colisione con el suelo. Este color se establece por defecto en verde.

En el método `Start` se asigna a la variable `rend` el componente `Renderer` del objeto al que se adjunta el *script* mediante `GetComponent<Renderer>()`. Además, se guarda el color actual del material del objeto en la variable `colorOriginal` para restaurarlo más adelante.

NOTAS

El *script* incluye dos métodos que responden a eventos de colisión. El primero, `OnCollisionEnter`, se ejecuta cuando el objeto colisiona con otro objeto físico. Verifica si el objeto colisionado tiene la etiqueta «Suelo» mediante `CompareTag` y, en caso afirmativo, cambia el color del objeto al color definido en `colorContacto`.

El segundo método, `OnCollisionExit`, se activa cuando el objeto deja de colisionar con otro objeto. Al igual que en el método anterior, verifica si el objeto colisionado tiene la etiqueta «Suelo» y, si es así, restaura el color original del objeto al valor guardado en `colorOriginal`.

Este *script* es útil para crear interacciones visuales dinámicas en entornos de juego donde se desea cambiar el color de un objeto en respuesta a eventos específicos de colisión con el suelo. La modularidad de este enfoque permite una fácil adaptación y extensión en escenarios de desarrollo de juegos en Unity.

> Las funciones `OnCollisionEnter`, `OnCollisionExit` y `OnCollisionStay` son métodos proporcionados por Unity que permiten a los desarrolladores de juegos responder a eventos relacionados con colisiones entre objetos en un entorno 3D. Estas funciones son esenciales para implementar lógica de juego basada en interacciones físicas entre objetos y proporcionan puntos de entrada específicos para ejecutar código cuando ocurren eventos de colisión.

La función `OnCollisionEnter` se activa cuando un objeto con un Collider entra en contacto con otro objeto que también tiene un Collider. Este método proporciona infor-

NOTAS

mación detallada sobre la colisión a través de un parámetro del tipo `Collision`. Dentro de este método, se pueden realizar diversas acciones, como cambiar propiedades del objeto, activar animaciones o desencadenar efectos visuales.

Por su parte, `OnCollisionExit` se ejecuta cuando los Colliders de dos objetos que estaban en contacto dejan de colisionar. Este evento es útil para detectar cuándo dos objetos se separan después de haber estado en contacto. Al igual que `OnCollisionEnter`, `OnCollisionExit` recibe información sobre la colisión a través del parámetro `Collision`, lo que permite realizar acciones específicas en respuesta a la separación de los objetos.

La función `OnCollisionStay` se llama continuamente mientras dos Colliders están en contacto. A diferencia de las funciones anteriores, que se ejecutan solo en el momento de la entrada o la salida, `OnCollisionStay` se ejecuta en cada fotograma mientras la colisión persiste. Esto permite realizar acciones continuas o actualizaciones en respuesta a la intersección de Colliders, como aplicar fuerzas continuas, realizar comprobaciones de estado o hacer ajustes dinámicos.

Estas funciones son especialmente útiles en escenarios donde la física del juego es un componente importante. Por ejemplo, en un juego de plataformas, `OnCollisionEnter` podría utilizarse para detectar cuándo un personaje toca una plataforma, activando la capacidad de saltar. `OnCollisionExit` podría usarse para deshabilitar el salto cuando el personaje abandona la plataforma. Por su parte, `OnCollisionStay` podría utilizarse para mantener actualizaciones continuas mientras el personaje está en contacto con la plataforma, como la comprobación de la dirección del movimiento o la aplicación de efectos de fricción.

Las funciones `OnCollisionEnter`, `OnCollisionExit` y `OnCollisionStay` son elementos para gestionar las interacciones físicas entre objetos en entornos 3D en Unity. Al proporcionar puntos de entrada específicos para eventos de colisión, estas funciones permiten a los desarrolladores crear experiencias de juego más inmersivas e interactivas al responder dinámicamente a las interacciones entre objetos en el mundo del juego.

NOTAS

## 35. Crea una esfera en el punto `Y=10` y un suelo en el `Y=0`. Haz que la esfera caiga al pulsar el espacio. La esfera tiene que rebotar como un balón de baloncesto.

**Tiempo:** 30 minutos

```
using UnityEngine;
public class PelotaController : MonoBehaviour
{
    private Rigidbody rb;
    private bool enElAire = true;
    public float fuerzaInicial = 5.0F;
    private void Start()
    {
        rb = GetComponent<Rigidbody>();
    }
    private void Update()
    {
        if (enElAire && Input.GetKeyDown(KeyCode.Space))
```

NOTAS

```
            {
                Lanzar();
            }
        }
        private void Lanzar()
        {
            rb.velocity = new Vector3(0, -fuerzaInicial, 0);
            enElAire = false;
        }
        private void OnCollisionExit(Collision collision)
        {
            if (collision.gameObject.CompareTag("Suelo"))
            {
                enElAire = true;
            }
        }
    }
```

Este *script* controla el lanzamiento y el comportamiento de una pelota en Unity. La bola se lanza hacia abajo con una fuerza determinada cuando se presiona la tecla espaciadora, y su estado «en el aire» se actualiza según si colisiona con el «Suelo».

Para simular que una esfera rebote como un balón de baloncesto en Unity, puedes utilizar materiales físicos que ajusten la fricción y la elasticidad de la esfera y las superficies con las que colisiona. Aquí te explico cómo hacerlo:

NOTAS

1

### *Crea materiales físicos*

En el Inspector de Unity, crea dos materiales físicos: uno para la esfera (llamémoslo «MaterialBalón») y otro para las superficies con las que colisiona (llamémoslo «MaterialSuperficie»). Ajusta las propiedades de estos materiales para controlar la fricción y la elasticidad. En particular, debes configurar el «Bounciness» (elasticidad) para «MaterialBalón» para que sea alto, como un balón de baloncesto real.

2

### *Asigna los materiales*

Asigna el material «MaterialBalón» a la esfera en su componente Collider.

3

### *Detección de colisiones*

Asegúrate de que la esfera tenga un componente `Rigidbody` adjunto. El `Rigidbody` controla la física y las colisiones del objeto. Las superficies con las que colisiona la esfera deberían tener sus propios colisionadores configurados adecuadamente.

NOTAS

4

***Resultados del rebote***

Unity utilizará los materiales físicos para calcular cómo la esfera rebota en función de la elasticidad y la fricción. Cuando la esfera colisiona con una superficie, la elasticidad del material «MaterialBalón» controlará la altura del rebote. La fricción puede ser ajustada para simular la resistencia al deslizamiento en la superficie.

Con estos materiales físicos adecuadamente configurados en la esfera y las superficies, deberías lograr un rebote realista similar al de un balón de baloncesto. Ajusta los valores de elasticidad y fricción según tus necesidades específicas para lograr el comportamiento deseado.

## La función `Comparetag`

La función `CompareTag` en Unity es una herramienta fundamental para la gestión y clasificación de objetos en un entorno de desarrollo de juegos. Se utiliza para comparar la etiqueta de un objeto con una cadena de texto especificada y determinar si coinciden. Su principal utilidad radica en simplificar y agilizar la identificación de objetos en escenas complejas, lo que permite a los desarrolladores realizar acciones específicas en función de la etiqueta de un objeto.

Al utilizar `CompareTag` se elimina la necesidad de comparar cadenas de texto directamente, lo cual puede ser propenso a errores y menos eficiente en términos de rendimiento. En lugar de realizar comparaciones literales, `CompareTag` aprovecha la información interna de Unity para evaluar si la etiqueta del objeto coincide con la cadena de texto proporcionada.

NOTAS

Un aspecto crucial que conviene destacar es que las etiquetas en Unity no son simplemente etiquetas visuales; son identificadores que pueden utilizarse para categorizar y organizar objetos dentro del editor. Cada objeto en Unity puede tener una etiqueta asignada, y `CompareTag` permite a los desarrolladores realizar verificaciones condicionales basadas en estas etiquetas de manera más eficiente.

Un escenario típico de uso de `CompareTag` se encuentra en los métodos de colisión, como `OnCollisionEnter` y `OnCollisionExit`. Por ejemplo, si se desea que un objeto realice ciertas acciones solo cuando colisiona con un objeto etiquetado como «Enemigo», se puede emplear `CompareTag` para determinar si la colisión involucra un objeto con esa etiqueta específica. La función devuelve un valor booleano indicando si la etiqueta coincide o no.

```
void OnCollisionEnter(Collision collision)
{
  if (collision.gameObject.CompareTag("Enemigo"))
  {
    // Realizar acciones específicas para
    // colisiones con objetos etiquetados como
    // "Enemigo"
  }
}
```

NOTAS

En este ejemplo, `CompareTag` permite al desarrollador concentrarse en la lógica específica de la colisión con objetos etiquetados como «Enemigo», evitando comparaciones directas de cadenas de texto y mejorando la legibilidad del código.

Otro caso de uso común es en la implementación de patrones de diseño, como el patrón de observador. Al manejar eventos en un juego se pueden utilizar etiquetas para determinar qué objetos deben ser notificados sobre ciertos eventos. Por ejemplo, si se tiene un evento de «Explosión», se podría notificar solo a los objetos etiquetados como «Objetivo». Aquí, `CompareTag` se vuelve instrumental al simplificar las comprobaciones de etiquetas y mejorar la mantenibilidad del código.

La función `CompareTag` también es útil en situaciones en las que se trabaja con múltiples objetos en una escena y se busca una manera eficiente de filtrar y procesar solo aquellos que tienen una etiqueta específica. Puede utilizarse en combinación con estructuras de control como bucles para realizar acciones específicas en subconjuntos de objetos.

En conclusión, `CompareTag` en Unity proporciona una forma eficiente y legible de verificar la etiqueta de un objeto, lo que facilita la implementación de lógica condicional basada en etiquetas. Su uso es especialmente destacado en métodos de colisión, sistemas de eventos y cualquier escenario donde la clasificación y la identificación de objetos en el juego son cruciales. La función contribuye a obtener un código más claro, mantenible y eficiente, al proporcionar una interfaz sencilla para trabajar con etiquetas en el entorno de desarrollo de Unity.

## 36. Crea una esfera en el punto `Y=10` y un suelo en el `Y=0`. Haz que la esfera caiga al pulsar la tecla espaciadora. La esfera tiene que rebotar como un balón de baloncesto y destruirse al rebotar dos veces.

 **Tiempo:** 30 minutos

```
using UnityEngine;
public class PelotaController : MonoBehaviour
{
  private Rigidbody rb;
  private bool enElAire = true;
  private int rebotes = 0;  //  Contador de rebotes
  public float fuerzaInicial = 5.0F;
  public int maxRebotes = 2;  //  Máximo de rebotes
  //  antes de autodestrucción
  private void Start()
  {
    rb = GetComponent<Rigidbody>();
  }
  private void Update()
  {
    if (enElAire && Input.GetKeyDown(KeyCode.Space))
    {
      Lanzar();
    }
  }
  private void Lanzar()
  {
    rb.velocity = new Vector3(0, -fuerzaInicial, 0);
    enElAire = false;
  }
```

NOTAS

```
        private void OnCollisionExit(Collision collision)
        {
            if (collision.gameObject.CompareTag("Suelo"))
            {
                enElAire = true;
                rebotes++;
                //  Incrementa el contador de rebotes
                if (rebotes >= maxRebotes)
                {
                    //  Si se alcanza el máximo de rebotes,
                    //  autodestruir la esfera
                    Destroy(gameObject);
                }
            }
        }
    }
```

En primer lugar, se importa el espacio de nombres UnityEngine, que proporciona las clases y funciones necesarias para el desarrollo de juegos en Unity.

Luego se declara la clase `PelotaController`, que hereda de `MonoBehaviour`, indicando que este *script* es un componente de un objeto en Unity. Se definen varias variables, como `rb` para referenciar el componente `Rigidbody` del objeto, `enElAire` para indicar si la pelota está en el aire y `rebotes` como un contador de rebotes. También se declaran variables públicas para configurar la fuerza inicial del lanzamiento y el número máximo de rebotes antes de autodestruirse.

El método `Start` asigna a la variable `rb` la referencia al componente `Rigidbody` del objeto al que se adjunta el *script*.

NOTAS

El método `Update` verifica si la pelota está en el aire y si se presiona la tecla espaciadora. En caso afirmativo, llama al método `Lanzar`.

El método `Lanzar` establece la velocidad de la pelota en el eje Y con una magnitud negativa de la fuerza inicial y cambia el estado de `enElAire` a `falso`.

Por último, el método `OnCollisionExit` se activa cuando los Colliders de dos objetos que estaban en contacto dejan de colisionar. Verifica si el objeto colisionado tiene la etiqueta «Suelo». Si es así, restablece el estado de `enElAire` a verdadero, incrementa el contador de `rebotes` y, si el contador supera el valor de `maxRebotes`, la pelota se autodestruye.

## 37. Crea una esfera en reposo sobre un suelo. Al pulsar la tecla S, recibe una fuerza puntual hacia arriba y hacia la derecha.

 **Tiempo:** 30 minutos

```
using UnityEngine;
public class ControlEsfera : MonoBehaviour
{
  private Rigidbody rb;
  public float fuerza = 10.0F;
  //  Ajusta la fuerza según sea necesario
  private void Start()
  {
    rb = GetComponent<Rigidbody>();
  }
```

NOTAS

```
    private void Update()
    {
        if (Input.GetKeyDown(KeyCode.S))
        {
            AplicarFuerza();
        }
    }
    private void AplicarFuerza()
    {
        Vector3 direccion = new Vector3(1.0F, 1.0F, 0.0F);
        //  Hacia arriba y hacia la derecha
        rb.AddForce(direccion * fuerza, ForceMode.
        Impulse);
    }
}
```

Este *script* de Unity controla una esfera que descansa en un suelo. Cuando se presiona la tecla S, la esfera recibe una fuerza puntual hacia arriba y hacia la derecha, haciendo que se eleve y se mueva en esa dirección.

La función `AddForce` en Unity se utiliza para aplicar una fuerza a un objeto con un componente `Rigidbody`. Permite controlar la física del objeto, como movimiento y colisiones, al aplicar fuerzas en una dirección y con una magnitud específica.

La firma de la función es `AddForce(Vector3 force, ForceMode mode)`, donde `force` representa la magnitud y dirección de la fuerza, y `mode` especifica cómo se interpreta esa fuerza. La dirección de la fuerza se define mediante un vector tridimensional, permitiendo control sobre la dirección en la que actúa la fuerza.

NOTAS

El parámetro mode tiene varias opciones, siendo ForceMode.Force la más común. Este modo aplica la fuerza de manera continua, lo que es útil para simular influencias constantes como la gravedad. Otro modo relevante es ForceMode.Impulse, que aplica la fuerza como un impulso instantáneo, útil para respuestas rápidas a eventos del juego.

Un ejemplo básico de uso sería:

```
rb.AddForce(Vector3.forward * 10F, ForceMode.Force);
```

Este código aplica una fuerza de diez unidades en la dirección del eje Z al objeto con un componente Rigidbody.

AddForce es tu método de referencia para simular diversas interacciones físicas en los juegos, como saltos, explosiones, efectos de viento, entre otros. Además, la función se integra con el sistema de colisiones, lo que afecta a cómo las fuerzas interactúan con otros objetos en el entorno del juego.

Para evitar problemas de rendimiento, es importante ajustar la magnitud y la frecuencia de las fuerzas aplicadas. Fuerzas excesivas pueden generar comportamientos no deseados o poco realistas. Asimismo, la función se utiliza junto con otras técnicas para lograr un equilibrio adecuado en la simulación física del juego.

Forcemode es una enumeración en Unity que se utiliza para especificar el tipo de fuerza que se aplicará a un objeto con un componente Rigidbody a través de la función AddForce. Esta enumeración define diferentes modos de fuerza que afectan a cómo se comporta un objeto cuando se le aplica una fuerza. Los modos más comunes son los siguientes:

NOTAS

- `ForceMode.Force`: Aplica una fuerza constante al objeto en la dirección especificada. Esta fuerza se acumula con el tiempo y afecta al movimiento continuo del objeto.
- `ForceMode.Impulse`: Aplica una fuerza instantánea al objeto que afecta a su velocidad de manera inmediata. Es útil para simular impactos o cambios súbitos en la velocidad.
- `ForceMode.Acceleration`: Aplica una aceleración constante al objeto en la dirección especificada. Esto cambia gradualmente la velocidad del objeto con el tiempo.
- `ForceMode.VelocityChange`: Cambia directamente la velocidad del objeto en la dirección especificada. Es útil para ajustar la velocidad sin tener en cuenta la masa del objeto.

La elección del modo de fuerza depende de la naturaleza del efecto que deseas lograr en tu simulación. Cada modo tiene un propósito específico y permite un control detallado sobre cómo se aplica la fuerza a un objeto en Unity.

## 38. Crea una esfera en reposo sobre un suelo. Mientras la tecla S permanezca pulsada, la esfera debe recibir una fuerza constante hacia arriba y hacia la derecha.

 **Tiempo:** 30 minutos

```
using UnityEngine;
public class ControlEsfera : MonoBehaviour
{
  private Rigidbody rb;
  public float fuerza = 10.0F;
  //  Ajusta la fuerza según sea necesario
  private void Start()
  {
    rb = GetComponent<Rigidbody>();
  }
  private void Update
  {
    if (Input.GetKey(KeyCode.S))
    {
      AplicarFuerza();
    }
  }
  private void AplicarFuerza()
  {
    Vector3 direccion = new Vector3(1.0F, 1.0F, 0.0F);
    //  Hacia arriba y hacia la derecha
    rb.AddForce(direccion * fuerza, ForceMode.
    Force);
  }
}
```

NOTAS

`FixedUpdate` y `Update` son dos métodos cruciales en Unity utilizados para gestionar el ciclo de vida de los *scripts*. Aunque comparten similitudes, sus propósitos y comportamientos difieren ligeramente.

`Update` se ejecuta una vez por cada fotograma del juego, lo que le hace ideal para manejar entradas del usuario, como movimientos del teclado o clics del ratón. Sin embargo, debido a la variabilidad en la frecuencia de ejecución según el rendimiento del sistema, `Update` no garantiza un intervalo de tiempo constante entre cada llamada.

En contraste, `FixedUpdate` está diseñado para abordar físicas y movimientos de objetos. Se ejecuta en intervalos de tiempo fijos y está sincronizado con la física del motor de Unity. Esto significa que, independientemente del rendimiento del sistema, `FixedUpdate` se ejecutará en intervalos regulares.

La diferencia clave radica en la garantía de un intervalo de tiempo fijo para `FixedUpdate`, mientras que `Update` depende de la frecuencia de fotogramas. Esta característica hace que `FixedUpdate` sea más adecuado para lidiar con movimientos y lógica de físicas, proporcionando una ejecución más predecible.

En términos de uso recomendado, `Update` es idóneo para eventos no relacionados directamente con físicas, como la entrada del usuario. Por otro lado, `FixedUpdate` es más apropiado para movimientos y lógica de físicas, asegurando una ejecución constante y predecible.

La interpolación de movimiento también se ve afectada por estas diferencias. `Update` es apto para la interpolación suave de movimientos, pero puede resultar inconsistente en situaciones de variabilidad de fotogramas. `FixedUp-`

NOTAS

date ofrece una base más sólida para la interpolación, ya que se ejecuta en intervalos regulares.

En cuanto a físicas y rendimiento, `Update` no está sincronizado directamente con la física del motor, lo que puede introducir problemas en situaciones de alta frecuencia de actualización de físicas. `FixedUpdate` se diseñó específicamente para manejar físicas y proporcionar un rendimiento más predecible en cargas intensivas.

> En resumen, la elección entre `Update` y `FixedUpdate` depende del contexto y de la tarea específica que se esté llevando a cabo. Ambos métodos son esenciales en el desarrollo de juegos en Unity y deben utilizarse según las necesidades específicas de la lógica y la física del juego.

## 39. Crea unos cuantos objetos con el *tag* «newton». Al pulsar espacio, debe activarse la gravedad de todos esos objetos. Los objetos no pueden tener ningún *script* añadido. El ejercicio tiene que funcionar sin modificar el código aunque se añadan o quiten objetos de la escena.

 **Tiempo:** 30 minutos

```
using UnityEngine;
public class GravityController : MonoBehaviour
{
    //  Tag de los objetos que se verán afectados por
    //  la gravedad
    public string objectTag = "newton";
    //  Indica si la gravedad está activada o
    //  desactivada
    private bool gravityEnabled = false;
    //  Update is called once per frame
    void Update()
    {
        //  Al presionar la tecla Espacio, activa o
        //  desactiva la gravedad
        if (Input.GetKeyDown(KeyCode.Space))
        {
            gravityEnabled = !gravityEnabled;
            ToggleGravity(gravityEnabled);
        }
    }
    //  Activa o desactiva la gravedad en todos los
    //  objetos con el tag especificado
    void ToggleGravity(bool enableGravity)
```

NOTAS

```
    {
      GameObject[] objectsWithGravity = GameObject.
      FindGameObjectsWithTag(objectTag);
      foreach (var obj in objectsWithGravity)
      {
        Rigidbody rb = obj.GetComponent<Rigidbody>();
        if (rb != null)
        {
          // Activa o desactiva la gravedad según el
          // parámetro
          rb.useGravity = enableGravity;
        }
      }
    }
  }
```

Primero se declara una variable pública llamada `objectTag`, que actúa como un filtro para determinar qué objetos de la escena se verán afectados por el controlador de gravedad. El valor por defecto de `objectTag` es `"newton"`, indicando posiblemente objetos asociados con la física o la gravedad.

A continuación, se tiene una variable privada llamada `gravityEnabled`, que actúa como un interruptor para activar o desactivar la gravedad en los objetos afectados. Esta variable se inicializa en `false`, indicando que inicialmente la gravedad está desactivada.

El método `Update` se encarga de manejar eventos en cada fotograma. Dentro de este método, se utiliza una condición que verifica si la tecla espaciadora (`KeyCode.Space`) ha sido presionada mediante `Input.GetKeyDown`. Si se detecta esta pulsación, el *script* invierte el valor de `gravityEnabled` y llama al método `ToggleGravity` pasándole este nuevo estado. Es decir, al presionar la tecla espaciadora, se alterna entre activar y desactivar la gravedad.

NOTAS

El método `ToggleGravity` recibe un parámetro `enableGravity`, que determina si la gravedad debe estar activada o desactivada. Dentro de este método, se utiliza `GameObject.FindGameObjectsWithTag` para buscar todos los objetos de la escena que tengan el *tag* especificado por `objectTag`. Luego, itera sobre cada objeto encontrado y obtiene su componente `Rigidbody` utilizando `obj.GetComponent<Rigidbody>()`.

Si el componente `Rigidbody` existe para un objeto específico, lo cual indica que el objeto está diseñado para interactuar con la física del motor de Unity, se ajusta la propiedad `useGravity` del `Rigidbody`. Si `enableGravity` es `true`, se activa la gravedad para ese objeto; si es `false`, se desactiva la gravedad.

Este *script* permite controlar dinámicamente la activación y desactivación de la gravedad para un conjunto específico de objetos en la escena de Unity. Es útil para situaciones en las que se desea modificar el comportamiento de la física de manera interactiva durante la ejecución del juego. Sin embargo, es importante utilizarlo con precaución, ya que cambiar propiedades físicas puede tener consecuencias significativas en la simulación del juego y su realismo.

# 40. Crea un **Raycast** que nos diga en qué objeto de la escena hemos hecho clic.

**Tiempo:** 30 minutos

```
using UnityEngine;
public class RaycastDetector : MonoBehaviour
{
  void Update()
  {
    // Verifica si se hizo clic en el ratón
    if (Input.GetMouseButtonDown(0))
    // 0 representa el clic izquierdo
    {
      // Crea un rayo desde la cámara hasta la
      // posición del puntero del ratón
      Ray ray = Camera.main.ScreenPointToRay(Input.
      mousePosition);
      // Declara una variable para almacenar la
      // información del objeto alcanzado
      RaycastHit hit;
      // Realiza el raycast y verifica si ha
      // golpeado un objeto
      if (Physics.Raycast(ray, out hit))
      {
        // Accede al objeto golpeado
        GameObject objetoGolpeado = hit.transform.
        gameObject;
        // Realiza acciones basadas en el objeto
        // golpeado
        Debug.Log("Clic en: " + objetoGolpeado.
        name);
        // Puedes agregar aquí más acciones según
        // el objeto golpeado
      }
    }
  }
}
```

NOTAS

La función `Physics.Raycast` se utiliza en Unity para lanzar un rayo desde un punto en una dirección específica y verificar si ese rayo intersecta con objetos en la escena.

`Physics.Raycast(ray, out hit)` toma un rayo y un parámetro `out hit` para almacenar información sobre la intersección.

Si el rayo colisiona con un objeto en la dirección especificada, la función devuelve `true`. El objeto debe tener un Collider.

La información sobre el objeto alcanzado se almacena en la variable `hit`, que contiene detalles como la posición del impacto, la normal[3] a la superficie y el objeto golpeado.

El uso de `out` en este contexto permite que la función `Physics.Raycast`proporcione información sobre el objeto golpeado a través del parámetro `hit`. En otras palabras, `out` se usa para pasar datos desde la función al argumento especificado y permite que la función devuelva múltiples valores, como la información de la colisión, que sirve para determinar qué objeto ha sido golpeado por el rayo en el escenario.

La función `ScreenPointToRay` en Unity se utiliza para generar un rayo en el espacio 3D a partir de una posición en la pantalla (coordenadas de la pantalla).

`Camera.ScreenPointToRay` toma como entrada una posición en la pantalla, generalmente representada por coordenadas de ratón o toque, y crea un rayo que se extiende desde la cámara en dirección a esa posición.

---

3. En este caso, el concepto «normal», propio de la geometría, debe entenderse como el vector perpendicular al plano del impacto (N. del E.).

Este rayo es útil para realizar interacciones basadas en la posición del puntero del ratón o el toque en relación con la cámara, como, por ejemplo, realizar *raycasts* desde la cámara hacia objetos en la escena.

## 41. Al clicar en un objeto, destruir todos los demás que estén en rango 10 desde ese objeto.

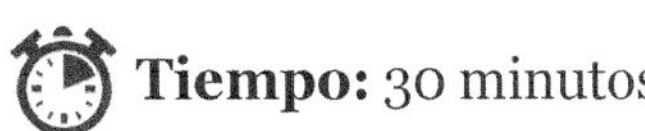

Aquí tenemos otro ejemplo de uso de `ScreenPointToRay` y `Raycast`, con un código como el del ejercicio anterior pero añadiendo funcionalidad.

```
using UnityEngine;
public class DestruirEnRango : MonoBehaviour
{
  public float rangoDestruccion = 10.0F;
  // Rango de destrucción
  void Update()
  {
    if (Input.GetMouseButtonDown(0))
    {
      // Lanza un rayo desde la cámara en la
      // dirección del clic del ratón
      Ray ray = Camera.main.ScreenPointToRay(Input.
      mousePosition);
      RaycastHit hit;
      if (Physics.Raycast(ray, out hit))
      {
        // Si el rayo golpea un objeto
        if (hit.collider != null)
        {
          // Obtiene la posición del objeto
          // golpeado
          Vector3 posicionGolpeada = hit.collider.
          transform.position;
```

NOTAS

```
                    // Encuentra todos los objetos en el
                    // rango de destrucción
                    Collider[] objetosEnRango = Physics.
                    OverlapSphere(posicionGolpeada,
                    rangoDestruccion);
                    // Destruye todos los objetos en el
                    // rango
                    foreach (var objetoEnRango in
                    objetosEnRango)
                    {
                      Destroy(objetoEnRango.gameObject);
                    }
                }
            }
        }
    }
}
```

En la escena, asegúrate de que los objetos que deseas destruir tengan el componente Collider para que el `OverlapSphere` los detecte.

Asigna el valor deseado para `rangoDestruccion` en el inspector del objeto al que has adjuntado el *script*.

Este *script* realizará un `Raycast` cuando hagas clic en un objeto. Si el rayo golpea un objeto y detecta que tiene un Collider, encontrará todos los objetos en un rango de `10` unidades alrededor del objeto golpeado y los destruirá.

La función `Physics.OverlapSphere` en Unity se utiliza para detectar todos los Colliders de objetos que se superponen con una esfera en el espacio 3D.

`Physics.OverlapSphere` toma como entrada una posición en el espacio y un radio para definir una esfera.

La función devuelve una matriz de Colliders de todos los objetos cuyos Colliders se superponen con la esfera definida.

Esto es útil para detectar objetos cercanos en un área esférica y realizar acciones específicas en función de esa detección, como destruir objetos dentro de una zona.

El código anterior comienza a ser algo grande para el método `Update`. Podemos realizar una rápida refactorización para ganar legibilidad extrayendo un método. El código quedaría de la siguiente forma:

NOTAS

```
using UnityEngine;
public class DestruirEnRango : MonoBehaviour
{
    public float rangoDestruccion = 10.0F;
    //  Rango de destrucción
    private void Update()
    {
        if (Input.GetMouseButtonDown(0))
        {
            RealizarDestruccionEnRango();
        }
    }
    private void RealizarDestruccionEnRango()
    {
        Ray ray = Camera.main.ScreenPointToRay(Input.
        mousePosition);
        RaycastHit hit;
        if (Physics.Raycast(ray, out hit))
        {
            Collider colliderGolpeado = hit.collider;
            if (colliderGolpeado != null)
```

NOTAS

```
            {
                Vector3 posicionGolpeada =
                colliderGolpeado.transform.position;
                Collider[] collidersEnRango = Physics.
                OverlapSphere(posicionGolpeada,
                rangoDestruccion);
                DestruirObjetosEnRango(collidersEnRango);
            }
        }
    }
    private void DestruirObjetosEnRango(Collider[]
    colliders)
    {
        foreach (var collider in colliders)
        {
            Destroy(collider.gameObject);
        }
    }
}
```

Esta versión refactorizada divide la funcionalidad en métodos más pequeños para mejorar la legibilidad y organización del código. Cada método tiene una responsabilidad clara, lo que hace que el código sea más fácil de entender y mantener.

Las **variables estáticas** son elementos que desempeñan un papel crucial en la gestión y acceso a datos compartidos entre múltiples instancias de una clase o incluso entre clases diferentes. Para entender mejor las variables estáticas, es útil explorar un ejemplo concreto, como la propiedad `Camera.main` en el contexto de Unity.

## El caso de `Camera.main`

NOTAS

En Unity, `Camera.main` es una propiedad estática que proporciona acceso a la cámara principal en la escena. La cámara principal suele ser aquella que renderiza la vista principal del juego.

La palabra clave «estático» significa que la propiedad pertenece a la clase en lugar de a una instancia específica de esa clase. En el caso de `Camera.main`, esto implica que no es necesario tener una referencia específica a una cámara en la escena para acceder a la cámara principal. Puedes llamar a `Camera.main` desde cualquier parte del código sin necesidad de crear una instancia de la clase `Camera`.

Una de las ventajas fundamentales de las variables estáticas es su capacidad para compartir información entre diferentes partes de un programa. En el contexto de `Camera.main`, esto se traduce en la capacidad de acceder y manipular la cámara principal desde cualquier *script* en el juego sin tener que preocuparse por mantener una referencia directa a esa cámara.

> Al utilizar `Camera.main` se está aprovechando una variable estática para obtener información crucial sobre la cámara principal sin necesidad de referencias adicionales. Esto facilita la escritura de *scripts* más flexibles y modulares, ya que no es necesario tener una referencia específica a la cámara en cada *script* que la necesita.

Otro aspecto importante de las variables estáticas es que mantienen su valor incluso cuando no hay instancias activas

NOTAS

de la clase. En el caso de `Camera.main`, si la cámara principal se desactiva o se destruye temporalmente durante el juego, `Camera.main` seguirá siendo accesible y mantendrá su valor, lo que proporciona una forma robusta de acceder a la cámara principal en cualquier momento.

La utilización de variables estáticas como `Camera.main` también mejora la legibilidad y la mantenibilidad del código. Al acceder a propiedades importantes de manera estática se comunica de manera clara que la información es compartida y está disponible globalmente en el contexto de la aplicación.

Debes tener en cuenta que, si bien las variables estáticas ofrecen ventajas significativas en términos de accesibilidad y compartición de datos, es importante utilizarlas con moderación. Un uso excesivo de variables estáticas puede llevar a un acoplamiento no deseado entre diferentes partes del código, lo que podría dificultar la comprensión y la modificación del sistema en el futuro.

Las variables estáticas son una herramienta valiosa para compartir información de manera eficiente entre diferentes partes de un programa. Facilitan el acceso a datos cruciales sin requerir referencias específicas, mejorando la flexibilidad y la legibilidad del código. Sin embargo, como con cualquier concepto de programación, su uso debe gestionarse con precaución para evitar posibles complicaciones en la estructura del código.

## 42. Crea una cápsula centinela que rota sobre sí misma. Emite un Raycast de distancia 5 que destruye solo a esferas si las toca.

 **Tiempo:** 30 minutos

```
using UnityEngine;
public class CapsulaCentinela : MonoBehaviour
{
  public float velocidadRotacion = 30.0F;
  //  Velocidad de rotación en grados por segundo
  public float distanciaRaycast = 5.0F;
  //  Distancia del raycast
  void Update()
  {
    //  Rotar la cápsula sobre sí misma
    transform.Rotate(Vector3.up * velocidadRotacion
    * Time.deltaTime);
    //  Emitir un raycast hacia adelante desde la
    //  posición de la cápsula
    RaycastHit hit;
    if (Physics.Raycast(transform.position,
    transform.forward, out hit, distanciaRaycast))
    {
      //  Comprobar si el objeto golpeado es una
      //  esfera
      if (hit.collider.CompareTag("Esfera"))
      {
        //  Destruir la esfera
        Destroy(hit.collider.gameObject);
      }
    }
  }
}
```

NOTAS

Este *script* se adjunta a la cápsula centinela. La cápsula rota sobre sí misma y emite un `Raycast` hacia adelante desde su posición. Si el `Raycast` toca una esfera (que debe tener la etiqueta «Esfera»), la esfera se destruye.

Asegúrate de que las esferas por destruir tengan la etiqueta «Esfera» en el inspector de Unity. Luego adjunta este *script* a la cápsula centinela en tu escena y funcionará como se describe.

La razón principal para usar `CompareTag` en lugar de `==` para comparar etiquetas en Unity es la optimización y el rendimiento. Cuando usas `CompareTag`, estás aprovechando una optimización interna de Unity que evita la búsqueda a través de las cadenas de texto completas.

Cuando comparas etiquetas utilizando `==` estás comparando dos cadenas de texto completas, lo que puede ser menos eficiente, especialmente si tienes muchas etiquetas en tu escena. Unity necesita buscar en cada etiqueta y comparar las cadenas de texto para determinar si son iguales.

Por otro lado `CompareTag` utiliza un valor de *hash* interno para la etiqueta, lo que hace que la comparación sea más rápida, ya que no requiere comparar cadenas de texto completas. Esto mejora el rendimiento en escenas con una gran cantidad de objetos etiquetados.

Se recomienda usar `CompareTag` para comparar etiquetas en Unity cuando estás interesado en optimizar el rendimiento, especialmente en situaciones en las que puedas tener muchas etiquetas en tu proyecto.

NOTAS

## 43. Crea un simple controlador de personaje *Point&Click* para que un cubo se desplace hasta el lugar del clic.

 **Tiempo:** 45 minutos

```
using UnityEngine;
public class ControladorPointClick : MonoBehaviour
{
  public float velocidad = 5F;
  //  Velocidad de desplazamiento
  public LayerMask capaSuelo;
  //  Capa del suelo
  private Vector3 destino;
  //  Punto de destino
  private bool enMovimiento = false;
  //  Indicador de si el cubo está en movimiento
  void Update()
  {
    //  Verificar si se hizo clic con el botón
    //  izquierdo del ratón
    if (Input.GetMouseButtonDown(0))
```

NOTAS

```
        {
          // Obtener la posición del clic en el mundo
          Ray rayo = Camera.main.ScreenPointToRay(Input.
          mousePosition);
          RaycastHit hit;
          // Verificar si el rayo intersecta con el
          // suelo
          if (Physics.Raycast(rayo, out hit, Mathf.
          Infinity, capaSuelo))
          {
            // Establecer el nuevo punto de destino
            destino = hit.point;
            enMovimiento = true;
            // Iniciar el movimiento
          }
        }
        // Mover el objeto hacia el destino si está en
        // movimiento
        if (enMovimiento)
        {
          MoverHaciaDestino();
        }
      }
      void MoverHaciaDestino()
      {
        // Calcular la dirección hacia el punto de
        // destino
        Vector3 direccion = new Vector3(destino.x -
        transform.position.x, 0F, destino.z - transform.
        position.z).normalized;
        // Mover el objeto en la dirección calculada
        transform.Translate(direccion * velocidad *
        Time.deltaTime);
        // Verificar si el cubo llegó al destino
        if (Vector3.Distance(transform.position, destino)
        < 0.1F)
        {
          enMovimiento = false;  // Detener el
          // movimiento
        }
      }
    }
```

NOTAS

Este *script* utiliza `Input.GetMouseButtonDown(0)` para detectar si se hizo clic con el botón izquierdo del ratón. Luego, utiliza un rayo (`Ray`) para obtener la posición del clic en el mundo. Si el rayo intersecta con el suelo (u otra capa especificada por `capaSuelo`), calcula la dirección hacia el punto de clic y mueve el cubo en esa dirección.

Asegúrate de asignar la capa adecuada al suelo en tu escena y ajustar la velocidad según tus preferencias.

Ten en cuenta que este *script* no evita obstáculos, sino que el cubo se moverá directamente hacia la posición indicada sin detenerse hasta que llegue.

En la primera sección del código se declaran las variables necesarias para el control del movimiento. La variable `velocidad` representa la velocidad de desplazamiento del objeto, mientras que `capaSuelo` define la capa a la que pertenece el suelo en la escena. Además, se declaran variables privadas para almacenar el punto de destino (`destino`) y para determinar si el objeto está en movimiento (`enMovimiento`).

El parámetro `position` es la posición en pantalla (en píxeles) desde donde se origina el rayo, que generalmente se obtiene a través de la posición del puntero del ratón.

La función retorna un rayo (`Ray`) que apunta desde la cámara hacia la dirección del puntero del ratón en el espacio 3D de la escena. Este rayo puede utilizarse luego para realizar operaciones como detección de colisiones (`Raycast`), lo que permite identificar objetos interactuables en la escena.

El método `Update` se ejecuta en cada fotograma y constituye el núcleo de la lógica del *script*. En este método, se verifica si se ha hecho clic con el botón izquierdo del ratón

NOTAS

(`Input.GetMouseButtonDown(0)`). Si se ha clicado, se utiliza un rayo (`Ray`) para determinar la posición del clic en el mundo. A través de `Physics.Raycast`, se verifica si el rayo intersecta con la capa del suelo (`capaSuelo`). En caso afirmativo, se actualiza el punto de destino y se activa la variable `enMovimiento`.

El método `MoverHaciaDestino` se encarga de realizar el desplazamiento hacia el punto de destino. Calcula la dirección normalizada hacia el destino y utiliza `transform.Translate` para mover el objeto en esa dirección con una velocidad específica multiplicada por `Time.deltaTime`. Asimismo, verifica si el objeto ha llegado al destino comparando la distancia entre su posición actual y el punto de destino. Si la distancia es menor que un umbral (`0.1F`), se detiene el movimiento.

## MÁS COMPONENTES: ¡LUCES, CÁMARA, ACCIÓN!

Inevitablemente, ver los componentes Collider y Rigidbody nos ha llevado a dar un pequeño rodeo por el mundo de las físicas. En esta sección vamos a retomar otros componentes muy interesantes y que conviene saber manipular. Nada mejor que ver unos cuantos ejemplos y ejercicios para ver todo lo que podemos hacer si comenzamos a combinar todo lo que sabemos.

Empezaremos dando un repaso a las luces dinámicas, principalmente para trabajar con activaciones y desactivaciones. Ten en cuenta que las luces son elementos que pueden llegar a consumir muchos recursos del sistema, por lo que el desarrollador está muy limitado si su juego tiene como objetivo plataformas móviles o dispositivos de bajo rendimiento.

NOTAS

Además, en los ejercicios de luces comenzaremos a introducir las **corrutinas**, una potente herramienta de Unity que debemos dominar para poder controlar cómo queremos que algunos efectos se desarrollen en el tiempo.

Después repasaremos las cámaras, incluyendo algún ejercicio que se puede resolver sin código, solo con configuración en el editor de Unity (una anomalía en este libro de ejercicios de programación). Las cámaras nos van a permitir también conocer la función `LateUpdate`, de la que hablaremos cuando llegue el momento.

También veremos en esta sección cómo utilizar los sistemas de partículas y cómo generar sonidos para nuestro juego. Ambos elementos son muy importantes para la experiencia del jugador, por lo que conviene conocer las bases de su funcionamiento.

## 44. Utilizando dos luces *point* roja y azul, crea el efecto de un coche de policía apagándolas y encendiéndolas alternativamente.

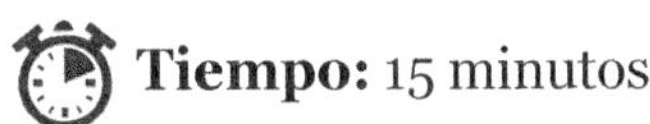

**Tiempo:** 15 minutos

```
using UnityEngine;
public class AlternanciaLuces : MonoBehaviour
{
    public Light luzRoja;
    public Light luzAzul;
    public float duracionLuzEncendida = 0.5F;
    // Duración en segundos de cada estado encendido
    // o apagado
    void Start()
```

NOTAS

```
        {
            luzRoja.enabled = true;
            luzAzul.enabled = false;
            // Iniciar la alternancia de luces
            InvokeRepeating("AlternarLuces", 0F,
            duracionLuzEncendida);
        }
        void AlternarLuces()
        {
            // Encender o apagar las luces en función del
            // estado
            luzRoja.enabled = !luzRoja.enabled;
            luzAzul.enabled = !luzAzul.enabled;
        }
    }
```

El componente `Light` se utiliza para simular diversas fuentes de luz, como luces direccionales, puntuales o focos.

Tiene una variedad de propiedades que permiten ajustar y controlar la iluminación en la escena como son el tipo de luz, la intensidad, el color, el alcance y la atenuación, entre otras. La capacidad de cambiar estas propiedades dinámicamente a lo largo del tiempo ofrece un amplio abanico de posibilidades para crear efectos visuales realistas y atmosféricos en un entorno virtual.

NOTAS

La propiedad `enabled` es básica en Unity y se aplica a muchos componentes, no solo a `Light`. Esta propiedad determina si el componente está activo o inactivo. Cuando un componente está habilitado, está en funcionamiento y afecta a la escena según sus configuraciones. Al contrario, cuando se desactiva, el componente no tiene impacto en la escena, aunque aún conserva sus configuraciones.

En el contexto del componente `Light`, la propiedad `enabled` se utiliza para controlar si una luz específica está encendida o apagada. Cuando una luz está habilitada, contribuye a la iluminación de la escena según sus propiedades. Por el contrario, si se desactiva, la luz deja de afectar a la escena, lo que puede ser útil para simular cambios dinámicos en la iluminación.

La capacidad de habilitar y deshabilitar componentes como `Light` durante la ejecución del juego nos sirve para crear efectos visuales dinámicos. Por ejemplo, se podría utilizar la propiedad `enabled` para controlar las luces de un entorno nocturno, alternando entre luces encendidas y apagadas para simular el paso del tiempo. Esta dinámica puede extenderse a escenarios más complejos, como ciclos día-noche o cambios atmosféricos.

La propiedad `enabled` no solo se limita al componente `Light`; es una característica común en muchos componentes de Unity. Puede ser utilizada para controlar la visibilidad de objetos, la reproducción de audio, la colisión de colisionadores y muchas otras funciones. Esta versatilidad permite a los desarrolladores crear experiencias interactivas y adaptativas,

NOTAS

donde los componentes pueden activarse o desactivarse según las condiciones del juego.

## 45. Crea un efecto de luces de navidad. El *script* debe funcionar independientemente del número de luces. Utiliza *point light* y un *array* público para enlazarlas (referenciarlas) al *script*. Basta con que cada luz alterne, no es necesario programar diferentes modos.

 **Tiempo:** 20 minutos

```
using UnityEngine;
public class ParpadeoLucesNavidad : MonoBehaviour
{
    public Light[] lucesNavidad;
    public float duracionParpadeo = 0.5F;
    //  Duración en segundos de las luces encendidas
    private void Start()
    {
        //  Iniciar el parpadeo de las luces
        InvokeRepeating("AlternarLuces", 0F,
        duracionParpadeo);
    }
    private void AlternarLuces()
    {
        foreach (Light luz in lucesNavidad)
        {
            luz.enabled = !luz.enabled;  //  Alternar
            //  entre encendido y apagado
        }
    }
}
```

NOTAS

En primer lugar, el *script* utiliza la clase `ParpadeoLucesNavidad`, que hereda de `MonoBehaviour`, indicando que es un componente que puede adjuntarse a un GameObject en Unity. Dentro de esta clase, hay dos variables públicas:

- **`LucesNavidad`**: Un *array* de luces que representan las luces de Navidad que parpadearán.
- **`DuracionParpadeo`**: Un valor que representa la duración en segundos del parpadeo.

Al inicio del juego se llama a la función `Start`. En esta función, se utiliza `InvokeRepeating` para programar la repetición de la función `AlternarLuces`. Este método permite alternar entre el encendido y el apagado de las luces de Navidad en intervalos regulares, con inicio en el principio del juego.

La función `AlternarLuces` es llamada por `InvokeRepeating` a intervalos regulares. Dentro de esta función, se utiliza un bucle `foreach` para iterar a través de todas las luces en el *array* `lucesNavidad`. Para cada luz, se invierte el valor de su propiedad `enabled` utilizando el operador de negación (`!`). Esto significa que si la luz estaba encendida, se apaga, y si estaba apagada, se enciende.

Este *script* proporciona una forma simple y eficiente de simular el parpadeo de luces de Navidad en Unity. La funcionalidad clave radica en el uso de `InvokeRepeating` para alternar entre encendido y apagado a intervalos regulares, y el bucle `foreach` para aplicar esta alternancia a todas las luces especificadas en el *array* `lucesNavidad`.

## 46. Crea una luz que se apaga y se enciende al ir haciendo clic en ella.

 **Tiempo:** 10 minutos

```
using UnityEngine;
public class ControlLuz : MonoBehaviour
{
   private Light luz;
   void Start()
   {
      luz = GetComponent<Light>();
   }
   void OnMouseDown()
   {
      //  Cambiar el estado de encendido/apagado de
      //  la luz al clicar
      luz.enabled = !luz.enabled;
   }
}
```

NOTAS

La variable privada `luz` se declara para almacenar una referencia al componente `Light` asociado al GameObject al que se adjunta este *script*. La función `Start` se ejecuta al inicio del juego y se encarga de obtener esta referencia utilizando `GetComponent<Light>()`.

La función `OnMouseDown` se ejecuta cuando el usuario clica sobre el GameObject al que está adjunto este *script*. Dentro de esta función, el estado de encendido / apagado de la luz se alterna utilizando el operador de negación (`!`). Si la luz estaba encendida, se apaga; si estaba apagada, se enciende.

Con este *script* logramos una manera sencilla de controlar el estado de encendido / apagado de una luz al hacer clic sobre el objeto al que está adjunto. La funcionalidad principal se centra en la manipulación de la propiedad `enabled` del componente `Light` para cambiar su estado de iluminación.

El operador de negación `!` es un operador lógico utilizado en muchos lenguajes de programación, incluyendo C#. Su función principal es invertir el valor de verdad de una expresión booleana. En otras palabras, cambia `true` a `false` y `false` a `true`.

Cuando se utiliza el operador `!` en una expresión booleana, su aplicación es directa y simple. Aquí hay un ejemplo de cómo funciona:

```
bool estado = true;
bool resultado = !estado; //  resultado será false
```

En este ejemplo, `!estado` da como resultado `false`, ya que el valor original de `estado` era `true`.

Este operador es especialmente útil en contextos en los que necesitamos invertir o negar una condición. Por ejemplo, en el *script* mencionado anteriormente:

```
luz.enabled = !luz.enabled;
```

Esta línea de código está cambiando el estado de la propiedad `enabled` del componente `Light`. Si `luz.enabled` es `true`, después de aplicar ! se convierte en `false` y viceversa.

El operador de negación ! es una herramienta imprescindible para trabajar con expresiones booleanas. Su aplicabilidad se extiende a diferentes situaciones en las que se necesita invertir el valor de verdad de una condición.

## 47. Crea un efecto «bombilla a punto de fundirse».

**Tiempo:** 20 minutos

```
using UnityEngine;
using System.Collections;
public class EfectoParpadeo : MonoBehaviour
{
    public Light luz;
    public float duracionMinima = 0.1F;
    public float duracionMaxima = 0.5F;
    private bool efectoActivo = true;
    void Start()
```

NOTAS

```
    {
      //  Iniciar el parpadeo aleatorio
      StartCoroutine(Parpadear());
    }
    IEnumerator Parpadear()
    {
      while (efectoActivo)
      {
        //  Encender la luz
        luz.enabled = true;
        //  Esperar un tiempo aleatorio
        yield return new WaitForSeconds(Random.
        Range(duracionMinima, duracionMaxima));
        //  Apagar la luz
        luz.enabled = false;
        //  Esperar un tiempo aleatorio
        yield return new WaitForSeconds(Random.
        Range(duracionMinima, duracionMaxima));
      }
    }
}
```

Las **corrutinas** en Unity son una característica poderosa que permite ejecutar código de manera diferida o en intervalos específicos de tiempo sin bloquear la ejecución del resto del programa. Permiten realizar tareas como animaciones, transiciones de escena, efectos visuales y otras operaciones que requieren un control más preciso del tiempo.

A continuación, se explora en detalle el concepto de corrutinas en Unity.

Una corrutina es un método que puede ser pausado y reanudado durante su ejecución. Se declara con el tipo `IEnu-`

NOTAS

`merator` y utiliza la palabra clave `yield` para indicar dónde debe pausarse y cómo debe continuar.

```
IEnumerator MiCorrutina()
{
    Debug.Log("Inicio de la corrutina");
    yield return new WaitForSeconds(1.0F);
    Debug.Log("Después de 1 segundo");
    // ...Más instrucciones
```

En este ejemplo, `yield return new WaitForSeconds(1.0F)` pausa la corrutina durante un segundo antes de continuar con las instrucciones subsiguientes.

Unity proporciona varias instrucciones `yield` para diferentes propósitos:

- `WaitForSeconds`: Pausa la corrutina durante un tiempo especificado.
- `WaitForEndOfFrame`: Pausa hasta el final del cuadro de renderización actual.
- `WaitForFixedUpdate`: Pausa hasta el siguiente `FixedUpdate`.
- `WaitUntil` y `WaitWhile`: Pausan hasta que la condición especificada sea verdadera o falsa.

Las corrutinas permiten un mayor control del flujo del programa. Esto es particularmente útil para animaciones y transiciones de escena, donde se desea una secuencia de eventos paso a paso.

```
IEnumerator AnimacionDesvanecimiento()
{
  //  ...Operaciones de animación
  yield return new WaitForSeconds(2.0F);
  //  ...Más operaciones de animación
  yield return new WaitForSeconds(1.0F);
  //  ...Fin de la animación
}
```

NOTAS

En situaciones en las que se requiere una operación asíncrona, las corrutinas proporcionan una alternativa más legible y controlada que las devoluciones de llamada o retrollamadas tradicionales.

```
IEnumerator DescargarRecurso()
{
  UnityWebRequest www = UnityWebRequest.Get("<http://
  example.com/recurso>");
  yield return www.SendWebRequest();
  if (www.result == UnityWebRequest.Result.Success)
  {
    Debug.Log("Recurso descargado con éxito");
  }
  else
  {
    Debug.LogError("Error al descargar el recurso: "
    + www.error);
  }
}
```

Las corrutinas deben iniciarse mediante la función `StartCoroutine` y pueden detenerse con `StopCoroutine` o `StopAllCoroutines`. Además, Unity proporciona la función `yield break` para salir prematuramente de una corrutina.

NOTAS

```
void Start()
{
   StartCoroutine(MiCorrutina());
}
void DetenerCorrutinas()
{
   StopCoroutine(MiCorrutina());
   StopAllCoroutines();
}
```

## Ventajas de las corrutinas

A continuación se indican las ventajas del empleo de corrutinas:

**Eficiencia de recursos:** Las corrutinas permiten realizar tareas en momentos específicos sin usar recursos innecesarios durante todo el tiempo de ejecución.

**Tiempo y animaciones:** Son ideales para la creación de secuencias temporizadas, especialmente en animaciones y transiciones.

**Simplicidad y legibilidad:** Facilitan la escritura de código más legible y mantenible, especialmente en comparación con devoluciones de llamada anidadas.

## Limitaciones de las corrutinas

Las corrutinas no son adecuadas para operaciones que requieren sincronización precisa con eventos de Unity, como las físicas.

NOTAS

El bucle `while` es una estructura de control de flujo en programación que repite un bloque de código mientras una condición específica sea verdadera. La sintaxis básica del bucle `while` en muchos lenguajes de programación es la siguiente:

```
while (condicion)
{
  //  Código para ejecutar mientras la condición sea
  //  verdadera
}
```

La condición se evalúa antes de ejecutar el bloque de código dentro del bucle. Si la condición es verdadera, el código se ejecuta, y luego la condición se vuelve a evaluar. Este proceso continúa hasta que la condición se vuelva falsa, momento en el cual la ejecución del bucle se detiene y el programa continúa con las instrucciones que siguen al bucle.

Un ejemplo sencillo podría ser el siguiente en C#:

```
int contador = 0;
while (contador < 5)
{
  Console.WriteLine("Iteración: " + contador);
  contador++;
}
```

En este caso, el bucle `while` se ejecutará mientras el valor de `contador` sea menor que 5, imprimiendo «Iteración:» seguido del valor actual de `contador`. El contador se incrementa en cada iteración, y el bucle se detiene cuando el `contador` alcanza o supera el valor 5.

Es importante tener cuidado al usar bucles `while` para evitar bucles infinitos, donde la condición nunca se vuelve falsa. Asegurarse de que la condición finalmente cambie es esencial para evitar este tipo de problemas.

## 48. Crea un semáforo de tráfico, incluyendo la luz ámbar. Como buen semáforo, debe pasar más tiempo en rojo que en verde.

 **Tiempo:** 30 minutos

```
using System.Collections;
using UnityEngine;
public class Semáforo : MonoBehaviour
{
    public Light luzRoja;
    public Light luzÁmbar;
    public Light luzVerde;
    public float tiempoRojo = 5.0F;
    public float tiempoÁmbar = 2.0F;
    public float tiempoVerde = 3.0F;
    void Start()
    {
        StartCoroutine(CicloSemáforo());
    }
    IEnumerator CicloSemáforo()
    {
        while (true)
        {
            // Luz Roja
            luzRoja.enabled = true;
            luzÁmbar.enabled = false;
            luzVerde.enabled = false;
            yield return new WaitForSeconds(tiempoRojo);
```

```
            // Luz Ámbar
            luzRoja.enabled = false;
            luzÁmbar.enabled = true;
            luzVerde.enabled = false;
            yield return new WaitForSeconds(tiempoÁmbar);
            // Luz Verde
            luzRoja.enabled = false;
            luzÁmbar.enabled = false;
            luzVerde.enabled = true;
            yield return new WaitForSeconds(tiempoVerde);
        }
    }
}
```

NOTAS

El *script* comienza con la declaración de variables públicas para las luces (`luzRoja, luzÁmbar, luzVerde`) y los tiempos de duración de cada fase (`tiempoRojo, tiempoÁmbar, tiempoVerde`).

En el método `Start`, se inicia la ejecución de la corrutina llamada `CicloSemáforo()` utilizando `StartCoroutine`.

La corrutina `CicloSemáforo` se ejecuta en un bucle infinito (`while (true)`) para simular el ciclo continuo del semáforo.

En cada fase, se activa la luz correspondiente (`luzRoja, luzÁmbar, luzVerde`) y se desactivan las demás.

Se utiliza `yield return new WaitForSeconds (tiempo)` para pausar la corrutina durante el tiempo especificado antes de pasar a la siguiente fase.

Este diseño permite que el semáforo realice transiciones entre las luces roja, ámbar y verde de manera continua, respetando los tiempos establecidos para cada fase. Es un ejemplo práctico de cómo las corrutinas en Unity pueden

NOTAS

usarse para gestionar eventos y comportamientos de manera eficiente en el tiempo.

## 49. Al clicar con el botón izquierdo del ratón, cambia el color de fondo de la cámara. Al clicar con el botón derecho, el fondo se pone blanco.

 **Tiempo:** 25 minutos

```
using UnityEngine;
public class CambiarColorFondo : MonoBehaviour
{
  private Camera mainCamera;
  private void Start()
  {
    mainCamera = Camera.main;
  }
  private void Update()
  {
    if (Input.GetMouseButtonDown(0))  //  Botón
    //  izquierdo del ratón
    {
      CambiarColorFondoAleatorio();
    }
    if (Input.GetMouseButtonDown(1))  //  Botón
    //  derecho del ratón
    {
      CambiarColorFondoBlanco();
    }
  }
  private void CambiarColorFondoAleatorio()
  {
    Color colorAleatorio = new Color(Random.value,
    Random.value, Random.value);
    mainCamera.backgroundColor = colorAleatorio;
  }
  private void CambiarColorFondoBlanco()
  {
    mainCamera.backgroundColor = Color.white;
  }
}
```

NOTAS

**Aviso sobre seguridad y epilepsia**

Como desarrollador, es crucial que seas consciente de los riesgos de la epilepsia fotosensible al trabajar en efectos visuales. Los cambios rápidos de color y los parpadeos intensos pueden desencadenar ataques epilépticos en individuos susceptibles.

Para garantizar la seguridad de los usuarios y evitar posibles riesgos, procede de la siguiente manera:

- Evita cambios de color rápidos y parpadeos intensos en tu proyecto, especialmente en áreas de la pantalla que capturan la atención del usuario.
- Considera la inclusión de opciones de configuración para ajustar la intensidad de los efectos visuales, permitiendo a los usuarios personalizar la experiencia y reducir el riesgo.
- Prueba tus efectos visuales de manera exhaustiva y busca retroalimentación de usuarios antes de lanzar tu proyecto.
- Cuando pruebes efectos visuales en desarrollo, ten especial precaución y limita la exposición a cambios rápidos de color. Puedes reducir la velocidad de los cambios de color durante la fase de desarrollo para evitar sorpresas desagradables.

La seguridad de los usuarios es primordial, y es responsabilidad de todos los desarrolladores minimizar los riesgos asociados con la epilepsia fotosensible en sus proyectos. Por favor, toma en serio este aviso y úsalo como recordatorio constante durante tu trabajo en efectos visuales.

NOTAS

La palabra reservada `new` se utiliza en C# para crear una nueva instancia de un objeto o para llamar a un constructor y asignar la memoria necesaria para dicho objeto en la pila. Cuando se crea un nuevo objeto con `new`, se está inicializando una variable de un tipo de dato, y el operador `new` se asocia principalmente con la creación de instancias de clases u otros tipos de referencia.

En el ejemplo proporcionado en el *script*:

```
Color colorAleatorio = new Color(Random.value,
Random.value, Random.value);
```

...se está utilizando `new` para crear una nueva instancia de la clase `Color`. La clase `Color` en Unity representa un color en el espacio RGBA (rojo, verde, azul, alfa). La expresión `new Color(Random.value, Random.value, Random.value)` crea un nuevo objeto `Color` con componentes de color aleatorios para rojo, verde y azul.

Desglosemos la línea:

- `Random.value` devuelve un valor aleatorio en el rango `[0.0, 1.0)`.
- `New Color(...)` crea una nueva instancia de la clase `Color`.

Los tres valores aleatorios proporcionados como argumentos representan los componentes rojo, verde y azul del color.

En este caso, se está utilizando para crear un nuevo objeto de tipo `Color` con componentes de color aleatorios, que luego se asigna a la variable `colorAleatorio`. Este tipo de construcción es común en programación para generar valores aleatorios o para inicializar objetos con valores específicos.

## 50. Crea un escenario simple y coloca cuatro cámaras. Cada una debe renderizarse en una cuarta parte de la pantalla, como en el Mario Kart, por ejemplo.

 **Tiempo:** 25 minutos

Para resolver este ejercicio no necesitamos código, ya que podemos configurar toda la escena desde el inspector de Unity. Aunque ciertamente es posible, por supuesto, acceder a los parámetros de las cámaras para modificarlos en tiempo real.

Podemos configurar el Aspect (relación de aspecto) de cada cámara para dividir la pantalla en partes iguales. La relación de aspecto determina la forma de la vista de la cámara y, en este caso, debe ser ajustada para que cada cámara renderice en su cuarta parte de la pantalla. Sigue estos pasos para configurar el Aspect de cada cámara:

- Selecciona una cámara en la escena haciendo clic en ella en la jerarquía o en la vista de escena.
- En la pestaña Inspector, busca el componente `Camera` y localiza la propiedad `Aspect`.
- Para dividir la pantalla en partes iguales, debes ajustar el Aspect de cada cámara en función del cuadrante en el que deseas que renderice. A continuación se presentan varios ejemplos de valores de Aspect para cada cámara en un sistema de pantalla dividida en cuatro partes:
  - Para la primera cámara (esquina superior izquierda):

    Ajusta Aspect a `1:1 (1.0)`. Esto garantizará que la cámara tenga una relación de aspecto cuadrada y renderice en un cuadrante superior izquierdo.

NOTAS

*(continuación...)*

- Para la segunda cámara (esquina superior derecha):

  Ajusta Aspect a `1:1 (1.0)` nuevamente, pero desplaza la vista hacia la derecha. Esto se logra modificando la propiedad Viewport Rect en la misma pestaña Camera. Establece `X` en `0.5`, que representa la mitad del ancho de la pantalla, y `W` en `0.5` para que ocupe la mitad del ancho de la vista.
- Para la tercera cámara (esquina inferior izquierda):

  De manera similar a la primera cámara, ajusta Aspect a `1:1 (1.0)`, pero asegúrate de que no haya desplazamiento en la propiedad Viewport Rect. Esto renderizará en el cuadrante inferior izquierdo.
- Para la cuarta cámara (esquina inferior derecha):

  Al igual que con la segunda cámara, configura Aspect a `1:1` (1.0), y utiliza la propiedad Viewport Rect para desplazar la vista hacia la derecha (`X` = `0.5`) y hacia abajo (`Y` = `0.5`).

Ajustar de esta manera el Aspect y, si es necesario, el Viewport Rect de cada cámara garantiza que cada una ocupe su cuadrante específico en la pantalla, logrando una pantalla dividida en cuatro partes. Asegúrate de que todas las cámaras estén configuradas correctamente para obtener el efecto deseado en tu juego.

## 51. Crea cinco objetos en las posiciones `X=0`, `X=10`, `X=20`, etc. Pulsando los números 1 a 5, la cámara debe desplazarse para enfocar al objeto adecuado (el número 1 se corresponde con el objeto en `X=0`).

**Tiempo:** 30 minutos

```
using UnityEngine;
public class ControlCamara : MonoBehaviour
{
  public float velocidad = 5F;  //  Velocidad de
  //  movimiento de la cámara
  public Transform[] objetivos;  //  Array público de
  //  objetivos
  private int objetivoActual = 0;  //  Índice del
  //  objetivo actual
  void LateUpdate()
  {
    //  Cambiar el objetivo al pulsar los números
    //  del 1 al 5
    for (int i = 0; i < objetivos.Length; i++)
    {
      if (Input.GetKeyDown((i + 1).ToString()))
      {
        objetivoActual = i;
        break;
      }
    }
    //  Mover la cámara hacia el objetivo actual
    Vector3 nuevaPosicion = new
    Vector3(objetivos[objetivoActual].position.x,
    transform.position.y, transform.position.z);
    transform.position = Vector3.Lerp(transform.
    position, nuevaPosicion, velocidad * Time.
    deltaTime);
  }
}
```

NOTAS

> `LateUpdate` es un método en Unity utilizado comúnmente en *scripts* asociados a cámaras y seguimiento de objetos. Este método se ejecuta después de que todos los métodos `Update` hayan terminado en el marco actual. Su principal propósito es proporcionar una fase de actualización tardía que ocurre después de todas las demás actualizaciones, lo que lo hace particularmente útil para realizar ajustes finales en la posición o rotación de objetos, especialmente aquellos seguidos por cámaras.

Cuando se trabaja con cámaras, `LateUpdate` es beneficioso porque esta indicación se asegura de que la cámara se actualice después de que todos los objetos hayan tenido la oportunidad de realizar sus propios movimientos y cambios en el marco actual. Esto evita posibles problemas de sincronización que podrían surgir si la cámara se actualizara antes de que otros objetos terminaran sus actualizaciones en `Update`.

En el contexto de seguimiento de objetos, `LateUpdate` permite ajustar la posición y rotación de la cámara basándose en los cambios realizados por otros *scripts* en `Update`. Esto ayuda a evitar comportamientos no deseados, como que la cámara «persiga» un objeto mientras este aún esté en proceso de moverse o cambiar de posición.

`Vector3.Lerp` es un método en Unity utilizado para interpolar linealmente entre dos vectores tridimensionales (`Vector3`). La interpolación lineal implica generar un valor intermedio entre dos valores dados, en este caso, dos vectores, de manera proporcional a un factor de interpolación.

NOTAS

Este método toma tres parámetros: el primer vector (`a`), el segundo vector (`b`) y un valor de interpolación (`t`). El valor `t` debe estar en el rango `[0, 1]`, donde `0` representa completamente el vector `a` y `1` representa completamente el vector `b`. Cualquier valor entre `0` y `1` generará un vector que está interpolado linealmente entre `a` y `b`.

La fórmula subyacente es bastante simple:

```
Lerp(a, b, t) = a + (b - a) * t.
```

Esto implica que el resultado es una combinación ponderada de los dos vectores de entrada basada en el valor de interpolación `t`.

Este método es útil para crear transiciones suaves o animaciones entre dos posiciones o direcciones en un espacio tridimensional. Puede aplicarse a diversos contextos, como el movimiento suave de objetos en el espacio, la transición de colores o cualquier situación en la que se desee un cambio gradual y continuo entre dos estados.

> `Vector3.Lerp` proporciona una manera conveniente y eficaz de realizar interpolaciones lineales en el espacio tridimensional, ofreciendo un control preciso sobre cómo los vectores de entrada se combinan para producir un resultado suavemente interpolado.

NOTAS

## 52. Crea un sistema de partículas que emita solo cuando las teclas Q y P estén pulsadas a la vez.

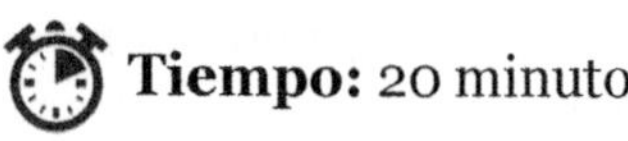

**Tiempo:** 20 minutos

```
using UnityEngine;
public class ControlDeParticulas : MonoBehaviour
{
  private ParticleSystem particleSystem;
  private bool emitiendo = false;
  private void Start()
  {
    particleSystem = GetComponent<ParticleSystem>();
    particleSystem.Stop(); // Detiene la emisión
    // al inicio
  }
  private void Update()
  {
    if (Input.GetKey(KeyCode.Q) && Input.
    GetKey(KeyCode.P))
    {
      if(!emitiendo)
      {
        particleSystem.Play(); // Inicia la
        // emisión cuando ambas teclas Q y P están
        // presionadas
        emitiendo = true;
      }
    }
    else
    {
      emitiendo = false; particleSystem.Stop();
      // Detiene la emisión si alguna de las
      // teclas no está presionada
    }
  }
}
```

El componente `ParticleSystem` en Unity es una herramienta para la creación y simulación de efectos de partículas en juegos y aplicaciones interactivas. Este componente permite generar una gran cantidad de pequeñas entidades gráficas (partículas) que pueden representar una variedad de fenómenos visuales, como fuego, humo, chispas, lluvia, nieve, entre otros.

NOTAS

El `ParticleSystem` consta de varios módulos y configuraciones que permiten ajustar el comportamiento y la apariencia de las partículas. Algunos de los elementos claves son los siguientes:

- **Módulo Main:** Controla las propiedades fundamentales de las partículas, como su duración, velocidad inicial, tamaño, color y material.
- **Módulo Emission:** Define cómo y cuándo se emiten las partículas. Puedes configurar la tasa de emisión, la forma de emisión (punto, esfera, caja, etc.) y si la emisión se produce de manera continua o en ráfagas.
- **Módulo Shape:** Permite especificar una forma (como una esfera o un cono) para la emisión de partículas. Esto proporciona control sobre la distribución espacial de las partículas.
- **Módulo Size over Lifetime:** Controla cómo cambia el tamaño de las partículas a lo largo de su vida. Esto es útil para simular efectos como partículas que crecen o se desvanecen con el tiempo.
- **Módulo Color over Lifetime:** Similar al tamaño, este módulo permite controlar la transición de colores a lo largo de la vida de una partícula.

NOTAS

*(continuación...)*

- **Módulo Force over Lifetime:** Define fuerzas externas que actúan sobre las partículas, como la gravedad o el viento, y cómo cambian con el tiempo.
- **Módulo Renderer:** Define cómo se renderizan las partículas, eligiendo un material y configurando opciones como orden de capa y clasificación por capa.
- **Subemisores:** Permiten crear jerarquías de sistemas de partículas, donde un sistema principal puede activar sistemas secundarios para lograr efectos más complejos.

La interacción de estos módulos y configuraciones ofrece un amplio rango de posibilidades para crear efectos visuales dinámicos y realistas. El `ParticleSystem` también está altamente optimizado para el rendimiento, lo que lo hace adecuado para situaciones en las que se requieren numerosas partículas en pantalla al mismo tiempo.

Las funciones `Play()` y `Stop()` son métodos proporcionados por el componente `ParticleSystem` en Unity para controlar un sistema de partículas. A continuación se explican ambas con detalle:

NOTAS

- **`Play()`**: Este método inicia la emisión de partículas del sistema de partículas. Cuando se llama a `Play()`, el sistema de partículas comienza a generar y mostrar partículas según su configuración.
- **`Stop()`**: Este método detiene la emisión de partículas del sistema de partículas. Cuando se llama a `Stop()`, el sistema de partículas deja de generar nuevas partículas y las partículas existentes desaparecen gradualmente según su tiempo de vida.

Los métodos `Play()` y `Stop()` permiten activar y desactivar el sistema de partículas en tiempo real, lo que es útil para crear efectos visuales dinámicos en juegos y aplicaciones. Puedes usarlos en combinación con condiciones, como en el ejemplo anterior, para controlar cuándo se emiten o se detienen las partículas en respuesta a eventos específicos.

## 53. Crea un objeto con un **Audiosource** que solo reproduce sonido mientras no se ve.

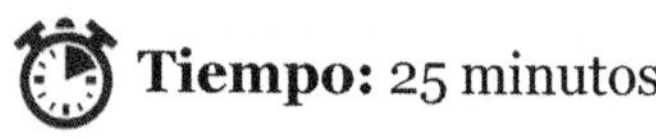

```
using UnityEngine;
[RequireComponent(typeof(AudioSource))]
public class ReproducirSonido : MonoBehaviour
{
  private AudioSource audioSource;
  private Renderer rend;
  void Start()
  {
    audioSource = GetComponent<AudioSource>();
    rend = GetComponent<Renderer>();
  }
  void Update()
  {
    // Verificar si el objeto es visible
    if (EsVisible())
    {
      // Reproducir sonido si es visible
      if (!audioSource.isPlaying)
      {
        audioSource.Play();
      }
    }
    else
    {
      // Detener la reproducción si no es visible
      if (audioSource.isPlaying)
      {
        audioSource.Stop();
      }
    }
  }
  bool EsVisible()
  {
    // Verificar si el objeto es visible en la
    // cámara principal
    return rend.isVisible;
  }
}
```

NOTAS

En primer lugar, se utiliza la directiva `using UnityEngine;` para importar las clases necesarias del motor de juego Unity. Luego, se declara la clase `ReproducirSonido`, que hereda de `MonoBehaviour`, indicando que es un componente de Unity.

```
[RequireComponent(typeof(AudioSource))]
public class ReproducirSonido : MonoBehaviour
{
    private AudioSource audioSource;
    private Renderer rend;
    void Start()
    {
        audioSource = GetComponent<AudioSource>();
        rend = GetComponent<Renderer>();
    }
}
```

El atributo `[RequireComponent(typeof(Audio Source))]` indica que este componente requiere automáticamente la presencia de un componente `AudioSource` en el mismo GameObject. Esto garantiza que siempre haya un `AudioSource` asociado al objeto que tiene este *script*.

En el método `Start()`, que se ejecuta una vez al inicio, se obtienen las referencias a los componentes `AudioSource` y `Renderer` del GameObject al que está adjunto este *script*.

```
void Update()
{
    //  Verificar si el objeto es visible
    if (EsVisible())
    {
        //  Reproducir sonido si es visible
        if (!audioSource.isPlaying)
```

NOTAS

```
            {
                audioSource.Play();
            }
        }
        else
        {
            //  Detener la reproducción si no es visible
            if (audioSource.isPlaying)
            {
                audioSource.Stop();
            }
        }
    }
```

En el método `Update( )`, que se ejecuta en cada fotograma, se verifica si el objeto es visible en la cámara principal. Para determinarlo, se llama al método `EsVisible( )`, que utiliza el componente `Renderer` para comprobar si el objeto está dentro de la vista de la cámara.

Si el objeto es visible y el sonido no se está reproduciendo, se inicia la reproducción del sonido llamando al método `Play( )` del componente `AudioSource`. Si el objeto no es visible y el sonido se está reproduciendo, se detiene la reproducción llamando al método `Stop( )` del componente `AudioSource`.

```
    {
        bool EsVisible()
        {
            //  Verificar si el objeto es visible en la
            //  cámara principal
            return rend.isVisible;
        }
    }
```

NOTAS

El método `EsVisible()` devuelve `true` si el objeto es visible en la cámara principal, utilizando la propiedad `isVisible` del componente `Renderer`. Esta propiedad determina si el objeto está dentro del *frustum* de la cámara y, por lo tanto, es visible en la escena.

## El componente **AudioSource** en Unity

La clase `AudioSource` en Unity es el componente utilizado para controlar la reproducción de audio en un objeto GameObject. Proporciona una interfaz rica para manipular sonidos, música y efectos sonoros en entornos de juego y aplicaciones interactivas. A continuación se detallan sus características y funcionalidades más relevantes:

### 1 *Creación e inicialización:*

`AudioSource` se inicializa generalmente agregándolo a un GameObject mediante el método `AddComponent<AudioSource>()`. Una vez agregado, se tiene acceso a todas las propiedades y métodos que ofrece para controlar la reproducción de audio.

```
void Start()
{
    AudioSource audioSource = gameObject.
    AddComponent<AudioSource>();
    audioSource.clip = myAudioClip;
    audioSource.Play();
}
```

En este ejemplo, se crea un `AudioSource` en tiempo de ejecución, se asigna un `AudioClip` y se inicia la reproducción del sonido.

## 2 *Propiedades principales:*

- **clip**: Representa el `AudioClip` que se reproducirá. Permite asignar un `AudioClip` antes de iniciar la reproducción.
- **volume**: Controla el volumen del audio reproducido. Un valor de `1.0` representa el volumen máximo, mientras que `0.0` lo silencia.
- **pitch**: Modifica la frecuencia del sonido, alterando su tono. Un valor de `1.0` mantiene el tono original.
- **loop**: Indica si el audio debe reproducirse en bucle o no.

```
audioSource.volume = 0.5F;
// Establece el volumen al 50%

audioSource.pitch = 1.2F;
// Aumenta el tono en un 20%

audioSource.loop = true;
// Reproduce el audio en bucle
```

## 3 *Control de reproducción:*

- **Play()**: Inicia la reproducción del audio.
- **Pause()**: Pausa la reproducción del audio en el punto actual.
- **UnPause()**: Reanuda la reproducción desde el punto de pausa.
- **Stop()**: Detiene la reproducción y restablece el audio al principio.

NOTAS

```
audioSource.Play();
//  Inicia la reproducción

audioSource.Pause();
//  Pausa la reproducción

audioSource.UnPause();
//  Reanuda la reproducción

audioSource.Stop();
//  Detiene la reproducción
```

## 4 Manipulación de Tiempo:

- **`time`**: Representa la posición actual de reproducción en segundos.
- **`timeSamples`**: Indica la posición actual en muestras del audio.

```
audioSource.time = 10.0F;
//  Salta a los 10 segundos de reproducción

audioSource.timeSamples = 44100;
//  Salta a la posición de muestra 44100
```

## 5 Eventos y Callbacks:

`AudioSource` proporciona eventos que permiten realizar acciones cuando ciertos eventos ocurren, como el final de la reproducción.

```
audioSource.Play();
//  Inicia la reproducción

//  Evento llamado cuando la reproducción del clip
//  ha terminado

audioSource.Played += () =>

{

  Debug.Log("La reproducción ha terminado.");

};
```

Estos que hemos mencionado son solo algunos aspectos destacados de la clase `AudioSource`.

`AudioSource` es el componente para controlar la reproducción de audio en Unity, y ofrece flexibilidad en la manipulación de volumen, tono, bucles al tiempo que proporciona eventos para realizar acciones específicas durante la reproducción. Su integración con `AudioClip` y otros componentes de Unity facilita la creación de experiencias sonoras envolventes en juegos y aplicaciones.

# CUARTA PARTE

NOTAS

Una vez que hemos abordado la mayoría de los componentes importantes de Unity, pero antes de sumergirnos en ejercicios más complejos, es el momento de detenerse en dos características muy importantes de cualquier videojuego, de hecho, de cualquier programa de ordenador interactivo: la **interfaz de usuario** y la **persistencia de datos**.

Las **interfaces de usuario**, desde el punto de vista del programador, van a ser los elementos 2D que se muestren en la pantalla del jugador, no diegéticos, que sirven para mostrar información relacionada con el juego. Los tres elementos más comunes de las interfaces de usuario son los **botones**, los **textos** y las **imágenes**. Solo con estos elementos podemos hacer sistemas de diálogo, menús y barras de carga, por poner solo tres ejemplos.

La **persistencia de datos** es como llamamos al hecho de poder cerrar el juego e incluso apagar el ordenador y que, al volver a ejecutar el juego, vemos que algo de lo que hicimos ha quedado guardado. Gracias a la persistencia de datos podemos almacenar el progreso del jugador o guardar sus preferencias de volumen.

Durante los ejercicios siguientes veremos diferentes métodos y sistemas para utilizar, tanto por separado como de forma conjunta, estos dos mundos. Además aprovecharemos, por supuesto, para mezclarlo con todo lo que ya hemos ido practicando, de forma que poco a poco vamos a ir obteniendo ejercicios cada vez más complejos.

En esta cuarta parte, además, encontrarás algunos ejercicios emparentados. Si no estás siguiendo el orden numérico y estás escogiendo ejercicios aleatoriamente o con cualquier otro orden y encuentras un ejercicio cuyo enunciado dice «sobre el ejercicio anterior...» puedes revisarlo y resolverlo antes de comenzar. También puedes utilizar la solución

ofrecida, pero siempre es mejor que trates de trabajar sobre tu propio código.

## INTERFACES DE USUARIO (UI)

La base de la UI en Unity es el Canvas, que sirve como contenedor para organizar y mostrar elementos visuales. Cada elemento dentro del Canvas es un RectTransform, que define su posición y escala en relación con el Canvas, permitiendo la adaptabilidad a diferent es tamaños de pantalla.

Dentro de la UI encontramos elementos básicos como Text para mostrar texto, Image para representar imágenes y Button para responder a los clics. La creación y disposición de estos elementos se realiza principalmente en el editor de Unity, utilizando el sistema de RectTransform para asegurar la adaptación a diversas resoluciones y dispositivos.

La funcionalidad de la UI se controla mediante *scripts* escritos en C#. Cada elemento puede tener asociado un *script* que define su comportamiento. Por ejemplo, un *script* de botón puede manejar eventos de clic y un *script* de campo de entrada puede procesar la entrada de texto.

La interactividad en Unity UI se basa en eventos. Elementos como botones emiten eventos cuando se interactúa con ellos, y estos eventos se pueden capturar y manejar mediante *scripts*. La asociación de *scripts* permite definir acciones específicas, como cambiar escenas, ajustar valores o realizar cualquier acción deseada.

El sistema de Layout de Unity facilita la organización automática de los elementos de UI. Componentes como GridLayoutGroup ajustan dinámicamente la posición y el tamaño de los elementos según las reglas de diseño definidas.

NOTAS

Unity también proporciona herramientas para animar elementos de UI. El sistema de animación permite cambios suaves en propiedades como posición, escala y color en respuesta a eventos o acciones específicas. El componente Animator se utiliza para crear transiciones y animaciones complejas.

La adaptabilidad es importante para interfaces multiplataforma. Unity ofrece resoluciones de referencia y modos de diseño que garantizan que la interfaz se vea y funcione bien en diferentes dispositivos y pantallas.

## 54. Crea un sencillo reproductor de música.

 **Tiempo:** 60 minutos

```
using UnityEngine;
using UnityEngine.UI;
public class ReproductorDeAudio : MonoBehaviour
{
  public AudioClip[] pistas;  //  Array de pistas de
  //  audio
  private AudioSource audioSource;
  private int indiceActual = 0;
  public Text nombrePistaText;
  private void Start()
  {
    audioSource = GetComponent<AudioSource>();
    nombrePistaText.text = pistas[indiceActual].name;
    //  Muestra el nombre de la primera pista
  }
  public void ReproducirPista()
  {
    if (audioSource.isPlaying)
    {
      audioSource.Pause();
    }
```

NOTAS

```
        else
        {
            audioSource.Play();
        }
    }
    public void SiguientePista()
    {
        indiceActual = (indiceActual + 1) % pistas.
        Length;
        CambiarPista();
    }
    public void AnteriorPista()
    {
        indiceActual = (indiceActual - 1 + pistas.
        Length) % pistas.Length;
        CambiarPista();
    }
    private void CambiarPista()
    {
        audioSource.Stop();
        audioSource.clip = pistas[indiceActual];
        nombrePistaText.text = pistas[indiceActual].
        name; //  Actualiza el nombre de la pista actual
        audioSource.Play();
    }
}
```

Este *script* asume que tienes un objeto con un componente `AudioSource` adjunto. Además, tendrás que asignar las pistas de audio al *array* `pistas` en el inspector de Unity.

A continuación puedes crear tres botones en tu interfaz de usuario, asociando sus eventos `OnClick()` a las funciones `ReproducirPista()`, `SiguientePista()` y `AnteriorPista()`. También puedes agregar un objeto de texto para mostrar el nombre de la pista actual.

NOTAS

En muchos lenguajes de programación, incluido C#, se conoce al operador `%` como **operador de módulo**. Devuelve el resto de la división de un número por otro.

**Por ejemplo:**

- `a % b` devuelve el resto de dividir `a` entre `b`.
- Si `a` es divisible entre `b`, entonces `a % b` será igual a `0`.
- Si `a` no es divisible entre `b`, entonces `a % b` será el valor del resto.

**En la práctica:**

- `5 % 2` devolverá `1`, ya que 5 dividido entre 2 es 2 con un resto de 1.
- `10 % 3` devolverá `1`, ya que 10 dividido entre 3 es 3 con un resto de 1.

En el código proporcionado para el reproductor de audio, se utiliza `%` para lograr un comportamiento de ciclo al cambiar la pista actual.

La clase `AudioClip` en Unity es una herramienta para trabajar con sonido en el motor de juego. Representa un archivo de audio y proporciona una interfaz para cargar, almacenar y reproducir contenido de audio.

`AudioClip` pertenece al espacio de nombres `UnityEngine` y está diseñada para trabajar con el componente `AudioSource`. Este componente nos sirve para reproducir sonidos en Unity y se utiliza en objetos GameObject para emitir sonidos en el entorno del juego.

Una de las características clave de la clase `AudioClip` es su capacidad para representar diferentes formatos de archivos

NOTAS

de audio, como WAV, MP3 o incluso archivos comprimidos como Ogg Vorbis. Esto permite una flexibilidad considerable al diseñar experiencias auditivas para juegos y aplicaciones interactivas.

```
public class AudioExample : MonoBehaviour
{
    public AudioClip myAudioClip;
    void Start()
    {
        AudioSource audioSource = gameObject.
        AddComponent<AudioSource>();
        audioSource.clip = myAudioClip;
        audioSource.Play();
    }
}
```

En el ejemplo anterior, se muestra cómo utilizar la clase `AudioClip` junto con `AudioSource`. Primero, se agrega un componente `AudioSource` al GameObject utilizando `AddComponent<AudioSource>()`. Luego, se asigna el `AudioClip` deseado al campo `clip` del `AudioSource`. Finalmente, se inicia la reproducción del audio mediante `Play()`.

La clase `AudioClip` proporciona propiedades y métodos importantes para interactuar con el contenido de audio. Algunas de las propiedades más comunes son las siguientes:

NOTAS

- **`length`**: Devuelve la duración en segundos del audio. Es útil para sincronizar eventos del juego con la duración del sonido.
- **`samples`**: Representa la cantidad total de muestras en el archivo de audio. Las muestras son los puntos discretos que forman la representación digital del sonido.
- **`channels`**: Indica el número de canales de audio en el archivo, como mono (1 canal) o estéreo (2 canales).

Además, la clase `AudioClip` incluye métodos para cargar y descargar contenido de audio en tiempo de ejecución. Por ejemplo, `LoadAudioData()` se utiliza para cargar manualmente los datos de audio en la memoria y `UnloadAudioData()` libera esos datos para ahorrar recursos cuando ya no se necesitan.

```
public class DynamicAudioLoader : MonoBehaviour
{
  private AudioClip dynamicClip;
  void Start()
  {
    dynamicClip = new AudioClip();
    dynamicClip.LoadAudioData("path/to/audiofile.
    mp3");
  }
  void OnDestroy()
  {
    dynamicClip.UnloadAudioData();
  }
}
```

Estos métodos son útiles en situaciones en las que se desea gestionar manualmente la carga y descarga de audio, por ejemplo, para administrar eficientemente los recursos en tiempo de ejecución.

Otra funcionalidad poderosa de `AudioClip` es la capacidad de definir puntos de bucle en el audio. Esto permite crear sonidos que se repiten continuamente, como la música de fondo, marcando secciones específicas del audio para repetición.

```
public class LoopingAudio : MonoBehaviour
{
    public AudioClip loopingAudio;
    void Start()
    {
        AudioSource audioSource = gameObject.
        AddComponent<AudioSource>();
        audioSource.clip = loopingAudio;
        audioSource.loop = true;
        //  Hace que el audio se reproduzca en bucle
        audioSource.Play();
    }
}
```

## 55. Añade un Slider para cambiar el volumen a tu reproductor de música.

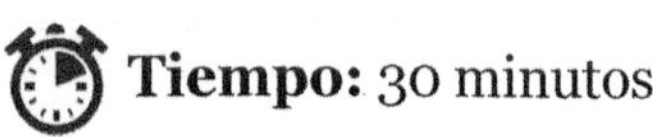

**Tiempo:** 30 minutos

Para crear un Slider que modifique el volumen de un AudioSource en Unity, necesitamos utilizar el componente Slider de la interfaz de usuario (UI) y ajustar el volumen del AudioSource según el valor del Slider.

## Crea un Slider

NOTAS

En el Editor de Unity, ve al GameObject Canvas o crea un nuevo objeto vacío para representar el área de la interfaz de usuario. Luego, agrega un componente Slider al área de la interfaz de usuario. Este componente será el control deslizante que utilizaremos para ajustar el volumen.

## Configura el Slider

Ajusta las propiedades del Slider según tus preferencias. Asegúrate de asignar valores mínimos y máximos apropiados para representar un rango de volumen, como `0 a 1`.

```
using UnityEngine;
using UnityEngine.UI;
public class ReproductorDeAudio2 : MonoBehaviour
{
  public AudioClip[] pistas;  //  Array de pistas de
  //  audio
  public Slider sliderVolumen;
  private AudioSource audioSource;
  private int indiceActual = 0;
  public Text nombrePistaText;
  private void Start()
  {
    audioSource = GetComponent<AudioSource>();
    //  Configurar el listener para el cambio en el
    //  slider
    sliderVolumen.onValueChanged.AddListener
    (CambiarVolumen);  //  Ajustar el volumen
    //  inicial
    CambiarVolumen();
    nombrePistaText.text = pistas[indiceActual].name;
    //  Muestra el nombre de la primera pista
  }
```

NOTAS

```
    public void ReproducirPista()
    {
        if (audioSource.isPlaying)
        {
            audioSource.Pause();
        }
        else
        {
            audioSource.Play();
        }
    }
    public void SiguientePista()
    {
        indiceActual = (indiceActual + 1) % pistas.
        Length;
        CambiarPista();
    }
    public void AnteriorPista()
    {
        indiceActual = (indiceActual - 1 + pistas.
        Length) % pistas.Length;
        CambiarPista();
    }
    private void CambiarPista()
    {
        audioSource.Stop();
        audioSource.clip = pistas[indiceActual];
        nombrePistaText.text = pistas[indiceActual].
        name;  // Actualiza el nombre de la pista
        // actual
        audioSource.Play();
    }
    private void CambiarVolumen()
    {
        // Ajustar el volumen del AudioSource
        audioSource.volume = sliderVolumen.value;
    }
}
```

## Asigna el Slider

NOTAS

Asígnalo desde el editor de Unity al *script.*

Con estos pasos, has creado un sistema que permite ajustar el volumen del AudioSource mediante un Slider. Al mover el Slider, se llamará al método CambiarVolumen, ajustando el volumen del AudioSource según el valor del Slider. Esto proporciona una forma interactiva para que los usuarios controlen el volumen de un audio en tu aplicación.

Este enfoque es útil en aplicaciones que requieren control de volumen en tiempo real, como reproductores de música, juegos y aplicaciones multimedia. La interactividad proporcionada por el Slider mejora la experiencia del usuario, permitiéndole personalizar la configuración de audio según sus preferencias.

## El evento `onValueChanged`

El evento `onValueChanged` en Unity es una característica crucial en la programación de interfaces de usuario (UI). Este evento se utiliza comúnmente con elementos interactivos como Sliders, Toggles o cualquier componente que tenga un valor que pueda cambiar durante la interacción del usuario.

El evento `onValueChanged` se activa cuando el valor de un componente específico cambia. Por ejemplo, si se aplica a un Slider, se desencadenará cada vez que el usuario ajuste el deslizador para seleccionar un valor. Este evento proporciona una manera eficaz de detectar y responder a cambios dinámicos, permitiendo la actualización de la interfaz de usuario o la ejecución de acciones específicas.

NOTAS

Para utilizar el evento `onValueChanged`, primero debemos agregar un Listener al componente relevante en el *script* de Unity. En el contexto de un Slider, este evento podría usarse para ajustar el volumen de un AudioSource, cambiar la velocidad de un objeto móvil o cualquier otro comportamiento que dependa de la variación de un valor.

Un ejemplo práctico de uso podría ser la implementación de un controlador de volumen para una aplicación multimedia. Al asignar un Slider para representar el control de volumen, podemos agregar un Listener al evento `onValueChanged`. Cuando el usuario ajusta el Slider, el método asociado al Listener se ejecuta. Dentro de este método, podemos actualizar el volumen del AudioSource según el nuevo valor del Slider.

Este enfoque facilita la creación de interfaces de usuario interactivas y receptivas, ya que permite una comunicación eficiente entre los elementos visuales y la lógica del juego o la aplicación. Además, el evento `onValueChanged` ayuda a mantener un código modular y organizado, ya que podemos separar la lógica específica de la UI del resto del sistema.

# 56. Sobre el ejercicio anterior, el volumen debe permanecer de una ejecución a otra (usando PlayerPrefs).

**Tiempo:** 30 minutos

```
using UnityEngine;
using UnityEngine.UI;
public class ReproductorDeAudio3 : MonoBehaviour
{
  public AudioClip[] pistas; //  Array de pistas de
  //  audio
  public Slider sliderVolumen;
  private AudioSource audioSource;
  private int indiceActual = 0;
  private float volumenInicial = 0.5F; //  Volumen
  //  predeterminado
  public Text nombrePistaText;
  private void Start()
  {
    audioSource = GetComponent<AudioSource>();
    //  Configurar el listener para el cambio en el
    //  slider
    sliderVolumen.onValueChanged.
    AddListener(CambiarVolumen);
    //  Configurar el valor inicial del slider y
    //  cargar el volumen almacenado
    sliderVolumen.value = PlayerPrefs.
    GetFloat("Volumen", volumenInicial);
    //  Ajustar el volumen inicial
    CambiarVolumen();
    nombrePistaText.text = pistas[indiceActual].
    name; //  Muestra el nombre de la primera pista
  }
  public void ReproducirPista()
```

NOTAS

```
    {
        if (audioSource.isPlaying)
        {
            audioSource.Pause();
        }
        else
        {
            audioSource.Play();
        }
    }
    public void SiguientePista()
    {
        indiceActual = (indiceActual + 1) % pistas.
        Length;
        CambiarPista();
    }
    public void AnteriorPista()
    {
        indiceActual = (indiceActual - 1 + pistas.
        Length) % pistas.Length;
        CambiarPista();
    }
    private void CambiarPista()
    {
        audioSource.Stop();
        audioSource.clip = pistas[indiceActual];
        nombrePistaText.text = pistas[indiceActual].
        name;  //  Actualiza el nombre de la pista
        //  actual
        audioSource.Play();
    }
    private void CambiarVolumen()
    {
        //  Ajustar el volumen del AudioSource
        audioSource.volume = volumenSlider.value;
        PlayerPrefs.SetFloat("Volumen", volumenSlider.
        value);
    }
}
```

NOTAS

`PlayerPrefs` es una funcionalidad clave en Unity que permite almacenar y recuperar datos de manera sencilla y eficiente. Este sistema de almacenamiento persistente es especialmente útil para retener configuraciones y otras variables a lo largo de múltiples sesiones de juego.

Cuando se desarrolla un juego es esencial brindar a los jugadores la capacidad de personalizar su experiencia. Esto puede incluir ajustes de sonido, configuraciones gráficas y preferencias específicas del jugador. PlayerPrefs facilita este proceso, ofreciendo una interfaz sencilla para almacenar y recuperar datos.

Una de las aplicaciones más comunes de PlayerPrefs es la gestión de configuraciones del juego, como el volumen, la sensibilidad del ratón o la configuración del idioma. Supongamos que estamos desarrollando un juego con un control deslizante para ajustar el volumen del sonido. En este caso, podríamos utilizar PlayerPrefs para almacenar el valor del volumen, lo que permitiría que esta preferencia se conservase entre sesiones de juego.

Cuando un jugador ajusta el volumen por medio de un control deslizante, el valor se almacena en PlayerPrefs. Para recuperar este valor en futuras sesiones, simplemente accedemos a PlayerPrefs y recuperamos el valor asociado con la clave específica. Este proceso se lleva a cabo mediante funciones sencillas, como `PlayerPrefs.SetFloat()` y `PlayerPrefs.GetFloat()`, que permiten almacenar y recuperar datos flotantes, respectivamente.

Es importante destacar que PlayerPrefs no está diseñado para almacenar grandes cantidades de datos ni información crítica del juego. En lugar de ello, se centra en ofrecer una solución eficiente para configuraciones y preferencias del usuario. Además, los datos almacenados con PlayerPrefs

NOTAS

están fácilmente accesibles y modificables por el usuario, lo que significa que este sistema no es adecuado para almacenar información sensible o crítica.

Aunque PlayerPrefs proporciona una solución eficaz para la persistencia de datos, es crucial entender sus limitaciones. La información almacenada con PlayerPrefs permanece en el sistema incluso después de cerrar y reiniciar el juego, lo que brinda una forma práctica de mantener preferencias a largo plazo. Sin embargo, este enfoque tiene sus limitaciones y no es adecuado para todos los casos.

En conclusión, PlayerPrefs es una herramienta del kit de desarrollo de Unity que sirve para gestionar la persistencia de datos. Su simplicidad y eficiencia hacen que sea una elección lógica para almacenar preferencias del jugador y configuraciones del juego. Al comprender sus capacidades y limitaciones, los desarrolladores pueden aprovechar al máximo esta función para mejorar la experiencia del usuario en sus juegos.

## 57. Crea un botón de UI que al pulsarse instancie una esfera en una posición aleatoria entre `-10` y `10` en cada eje.

 **Tiempo:** 30 minutos

```
using UnityEngine;
public class GeneradorEsferas : MonoBehaviour
{
  public GameObject esferaPrefab;  // Arrastra el
  // prefab de la esfera aquí
  public void InstanciarEsferaAleatoria()
  {
    float posX = Random.Range(-10F, 10F);
    float posY = Random.Range(-10F, 10F);
    float posZ = Random.Range(-10F, 10F);
    Vector3 posicionAleatoria = new Vector3(posX,
    posY, posZ);
    Instantiate(esferaPrefab, posicionAleatoria,
    Quaternion.identity);
  }
}
```

El evento `OnClick` del componente Button en Unity es una característica que te permite asignar funciones (métodos) que se ejecutarán cuando se clique el botón.

Para configurar el evento `OnClick`, debes hacer lo siguiente:

- Seleccionar el botón en la jerarquía, abrir el inspector y desplazarte hacia abajo hasta la sección `On Click ()`.
- Puedes hacer clic en el botón «+» para agregar una función (llamada `Unity Event`).
- Luego debes arrastrar el objeto que contiene el *script* que incluye la función que deseas ejecutar al campo Object.
- En la lista desplegable Function, selecciona el *script* y la función que deseas que se ejecute cuando el botón se clique.

Cuando el botón se pulse en tiempo de ejecución, todas las funciones asignadas se ejecutarán en el orden en que fueron asignadas. Esto es muy útil para manejar eventos de interfaz de usuario, como hacer que un botón realice una acción específica cuando se clique, como en el caso de crear una esfera en una posición aleatoria en respuesta al clic de un botón.

En programación, un **evento** es una señal o notificación que indica que ha ocurrido un cierto acontecimiento en el sistema o en el programa. Los eventos son utilizados para gestionar la comunicación y la interacción entre diferentes partes de un programa o sistema.

NOTAS

Los eventos permiten que un objeto notifique a otros objetos sobre acciones o cambios importantes en su estado.

Los objetos pueden suscribirse o «escuchar» eventos específicos y responder a ellos ejecutando funciones (manejadores de eventos) cuando el evento ocurre.

Los eventos se utilizan ampliamente en programación para crear sistemas interactivos y responder a acciones del usuario, como clicar en botones, mover el ratón o presionar teclas.

Los eventos son una parte fundamental de la **programación orientada a eventos** y son comunes en lenguajes y entornos de programación, incluido Unity.

El Event System en Unity es una parte fundamental del sistema de interfaz de usuario (UI) que facilita la interacción del usuario con los elementos de la interfaz. Se encarga de gestionar y distribuir eventos de entrada, como clics y toques, a los elementos apropiados de la UI.

A continuación, se explora detalladamente el Event System en Unity.

El Event System actúa como un intermediario entre la entrada del usuario y los elementos de la interfaz, asegurando que los eventos se envíen a los objetos correctos. Está diseñado para manejar diversos dispositivos de entrada, como ratones, teclados, pantallas táctiles y controladores.

En el corazón del Event System se encuentra el concepto de Event Triggers (desencadenadores de eventos). Estos son componentes que se adjuntan a los elementos de la inter-

NOTAS

faz y definen cómo los objetos deben responder a eventos específicos.

Entre los **desencadenadores comunes** se incluyen `Pointer Click` para clics, `Pointer Down` para pulsaciones de botones, y `Pointer Enter` y `Pointer Exit` para cuando el puntero del ratón entra o sale de un objeto.

Cuando un evento de entrada ocurre, el Event System lo procesa y determina qué objetos de la interfaz están suscritos a ese tipo de evento. Luego notifica a esos objetos para que realicen las acciones correspondientes. Por ejemplo, si un botón recibe un clic, se activará el evento `Pointer Click` y el Event System notificará al botón para que ejecute su acción asociada.

Una característica importante del Event System es la propagación de eventos. Si un objeto no maneja un evento específico, el sistema lo enviará a objetos superiores en la jerarquía de la interfaz hasta llegar al objeto raíz. Esto permite la implementación de interacciones complejas y la captura de eventos en varios niveles de la jerarquía.

Además de los desencadenadores de eventos, el Event System también gestiona la **selección y navegación entre elementos de la interfaz**. Proporciona métodos para determinar qué objeto está actualmente seleccionado y cómo cambiar la selección, lo que es útil para la navegación por teclado o controlador.

Otro componente integral del Event System es el `StandaloneInputModule`, que maneja la entrada de dispositivos independientes como el ratón y el teclado. También hay módulos específicos para la realidad virtual y otros dispositivos.

NOTAS

La configuración del Event System se realiza principalmente en el editor de Unity, donde se pueden asignar controladores de entrada, ajustar parámetros de sensibilidad y configurar los desencadenadores de eventos.

## 58. Crea un temporizador de diez segundos con una imagen radial.

**Tiempo:** 20 minutos

Para crear un temporizador de diez segundos aplicado a una imagen de UI de tipo radial en Unity, sigue estos pasos:

### 1 Crea una imagen radial

- En el inspector, crea una imagen para representar el temporizador. Para ello, haz clic en el botón Create y selecciona UI > Image.
- Asigna cualquier imagen al campo Source Image en el componente Image en el inspector.
- Configura Image Type al valor Radial.

## 2 Crea el siguiente *script*

Crea el siguiente *script* y asígnalo a un objeto (por ejemplo, al Canvas):

```
using UnityEngine;
using UnityEngine.UI;
public class ControlTemporizador : MonoBehaviour
{
  public Image imagenRadial; // Referencia a la
  // imagen radial del temporizador
  public float duracionTotal = 10.0F; // Duración
  // total del temporizador en segundos
  private float tiempoRestante; // Tiempo
  // restante del temporizador
  void Start()
  {
    tiempoRestante = duracionTotal;
  }
  void Update()
  {
    if (tiempoRestante > 0)
    {
      tiempoRestante -= Time.deltaTime;
      float fillAmount = tiempoRestante /
      duracionTotal;
      imagenRadial.fillAmount = fillAmount;
    }
  }
}
```

NOTAS

## 3 Enlaza la imagen radial en el inspector con la variable

La propiedad `fillAmount` es una propiedad de componentes de imagen en Unity, como el componente `Image`, utilizado en elementos de la interfaz de usuario. Permite controlar la cantidad de relleno o llenado de la imagen, representado como un valor decimal entre `0` y `1`.

- Un valor de `fillAmount` igual a `0` significa que la imagen está completamente vacía, es decir, no se muestra.
- Un valor de `fillAmount` igual a `1` significa que la imagen está completamente llena, es decir, se muestra en su totalidad.

Puedes utilizar `fillAmount` para crear efectos visuales, como barras de progreso, temporizadores, medidores o cualquier otro elemento gráfico que requiera mostrar un llenado parcial o una animación de llenado en función del progreso de una tarea o evento.

Para acceder a las propiedades de los componentes de Unity, como `fillAmount` de un componente `Image`, puedes seguir estos pasos:

NOTAS

- Necesitas una referencia al componente en tu *script*. Esto se hace declarando una variable del tipo apropiado (en este caso, `Image`) en tu *script*. Por ejemplo: `public Image imagen;`.
- En el inspector de Unity, selecciona el objeto que tiene el componente `Image` que deseas controlar. Arrastra y suelta ese objeto en el campo de la variable del *script* que creaste en el paso anterior. Esto establecerá la referencia al componente.
- Una vez que tengas una referencia al componente, puedes acceder a sus propiedades directamente en tu *script*. Por ejemplo, para acceder a `fillAmount`, puedes hacerlo mediante `imagen.fillAmount`.
- Puedes modificar la propiedad según tus necesidades en tu *script*. Por ejemplo, puedes establecer `imagen.fillAmount` con un valor decimal entre `0` y `1` para cambiar la cantidad de llenado de la imagen.
- Este proceso te permite acceder y controlar las propiedades de los componentes de Unity en tu *script*, lo que es clave para la interacción y animación de elementos en tu juego o aplicación.
- El Canvas en Unity es un componente básico para la creación de interfaces de usuario. Actúa como un contenedor para elementos visuales como textos, imágenes, botones y paneles que forman la interfaz que los usuarios interactúan.

NOTAS

El Canvas proporciona un espacio 2D o 3D en el que se pueden colocar elementos de la interfaz gráfica. Es importante mencionar que un proyecto de Unity puede contener múltiples Canvas, cada uno con su propio conjunto de elementos de interfaz. La elección entre World Space Canvas (Canvas en el espacio del mundo) y Screen Space Canvas (Canvas en el espacio de pantalla) depende de las necesidades específicas del proyecto. Vamos a verlo:

**Screen Space Canvas**

En este modo, el Canvas se proyecta directamente sobre la pantalla en coordenadas de píxeles. Es útil para interfaces de usuario tradicionales que se superponen en la pantalla del jugador. Los elementos UI se escalan automáticamente con el tamaño de la pantalla.

**World Space Canvas**

Se coloca en el espacio 3D del juego y sigue la posición y rotación de un objeto en el mundo. Es útil para integrar la interfaz directamente en el juego, como barras de salud sobre personajes. Los elementos se pueden ver afectados por luces y sombras.

En el Canvas, los elementos visuales se crean mediante componentes como `Text` para texto, `Image` para imágenes y `Button` para botones. Estos elementos se pueden organizar jerárquicamente para estructurar la interfaz de manera lógica.

El RectTransform es un componente fundamental asociado con los elementos del Canvas. Define la posición, escala y rotación de un elemento UI. Permite diseñar interfaces

NOTAS

adaptativas (*responsive*) que se ajustan automáticamente a diferentes resoluciones y proporciones de pantalla.

El CanvasScaler es otro componente importante que ajusta automáticamente el tamaño de los elementos del Canvas para adaptarse a la pantalla. Esto es importante para mantener la legibilidad y la estética en diversas configuraciones.

La renderización de un Canvas es gestionada por el Graphic Raycaster. Este componente permite que los eventos de interacción, como clics y toques, sean dirigidos a los elementos del Canvas. También controla la propagación de eventos a través de la jerarquía del Canvas.

El orden de los elementos de la interfaz de usuario es importante a la hora de controlar superposiciones. Los hijos del GameObject que tenga el componente Canvas se renderizarán por encima cuanto más arriba estén en la jerarquía.

En términos de optimización, el Canvas tiene opciones para *culling*, lo que significa que los elementos que están fuera del campo de visión pueden ser ocultados para mejorar el rendimiento.

La configuración del Canvas se realiza principalmente a través del editor de Unity, donde se pueden ajustar propiedades como el modo de renderización, el modo de ordenamiento y otros parámetros específicos del proyecto.

## 59. Crea una interfaz de usuario simple con un texto o una imagen centrada en la pantalla a modo de mirilla. Haz que la cámara rote en función del movimiento del ratón (como en un juego de primera persona).

**Tiempo:** 30 minutos

```
using UnityEngine;
public class ControladorCamara : MonoBehaviour
{
  public float velocidadRotacion = 2.0F;
  void Update()
  {
    // Obtener la entrada del ratón
    float movimientoHorizontal = Input.GetAxis
    ("Mouse X");
    float movimientoVertical = Input.GetAxis
    ("Mouse Y");
    // Rotar la cámara en función del movimiento
    // del ratón
    transform.Rotate(Vector3.up,
    movimientoHorizontal * velocidadRotacion);
    transform.Rotate(Vector3.left, movimientoVertical
    * velocidadRotacion);
    // Limitar la rotación vertical para evitar que
    // la cámara dé vueltas completas
    float anguloX = transform.eulerAngles.x;
    if (anguloX > 180.0F)
    {
      anguloX -= 360.0F;
    }
    anguloX = Mathf.Clamp(anguloX, -80.0F, 80.0F);
    // Aplicar la rotación limitada
    transform.rotation = Quaternion.Euler(anguloX,
    transform.eulerAngles.y, 0.0F);
  }
}
```

NOTAS

`EulerAngles` es una propiedad en Unity que pertenece a la clase `Transform`. Representa la rotación de un objeto como un conjunto de ángulos de Euler, que son las rotaciones alrededor de los ejes X, Y y Z.

La propiedad `EulerAngles` te permite acceder y modificar la rotación de un objeto en términos de ángulos de Euler. Por ejemplo, puedes usar `transform.eulerAngles` para obtener los ángulos de rotación actuales del objeto y ajustarlos según sea necesario.

Es importante tener en cuenta que modificar directamente los ángulos de Euler puede producir resultados inesperados si no se manejan adecuadamente, especialmente al tratar con rotaciones complejas. A menudo, es preferible usar métodos, como `Transform.Rotate`, para realizar rotaciones controladas.

`Mathf.Clamp` es una función en Unity que se utiliza para limitar un valor dentro de un rango específico. Su sintaxis es:

```
Mathf.Clamp(valor, valorMínimo, valorMáximo);
```

- **`valor`**: El valor que se desea limitar.
- **`valorMínimo`**: El límite inferior del rango permitido.
- **`valorMáximo`**: El límite superior del rango permitido.

La función `Mathf.Clamp` garantiza que el `valor` esté dentro del rango definido por `valorMínimo` y `valorMáximo`.

NOTAS

- Si `valor` es menor que `valorMínimo`, se devuelve `valorMínimo`.
- Si `valor` es mayor que `valorMáximo`, se devuelve `valorMáximo`.
- Si `valor` ya está dentro del rango, se devuelve tal cual.

Esto es útil, por ejemplo, cuando se desea restringir la rotación de un objeto a ciertos límites o circunscribir el valor de una variable a un rango específico.

## 60. Sobre el ejercicio anterior, lanza un `Raycast`, en dirección de la mirilla al hacer clic, que instancie un sistema de partículas al colisionar.

**Tiempo:** 30 minutos

```
using UnityEngine;
public class Mirilla : MonoBehaviour
{
   public ParticleSystem sistemaParticulas;
   //  Asigna el sistema de partículas en el Inspector
   void Update()
   {
      //  Detectar clic del ratón
      if (Input.GetMouseButtonDown(0))
      //  0 representa el botón izquierdo del ratón
      {
         //  Lanzar un rayo desde la mirilla hacia
         //  delante
         Ray rayo = new Ray(transform.position,
         transform.forward);
         RaycastHit hit;
         if (Physics.Raycast(rayo, out hit))
```

NOTAS

```
            {
                //  Obtener la posición de impacto
                Vector3 posicionImpacto = hit.point;
                //  Instanciar el sistema de partículas en
                //  la posición de impacto
                Instantiate(sistemaParticulas,
                posicionImpacto, Quaternion.identity);
            }
        }
    }
}
```

En este ejercicio no es necesario modificar nada del *script* anterior, sino que podemos crear un *script* diferente para añadirlo a la cámara, y disparará en la dirección hacia donde esté mirando.

Desglosemos las partes del *script*:

- **`public ParticleSystem sistemaParticulas;`**: Declara una variable pública que representa el sistema de partículas. Puedes asignar el sistema de partículas desde el inspector de Unity.
- **`void Update() { ... }`**: Este método se llama en cada fotograma del juego.
- **`if (Input.GetMouseButtonDown(0)) { ... }`**: Verifica si se ha clicado en el botón izquierdo del ratón (botón `0`).

NOTAS

*(continuación...)*

- **`Ray rayo=new Ray(transform.position, transform.forward);`**: Crea un rayo que parte desde la posición de la mirilla (`transform.position`) y se dirige en la dirección hacia delante de la mirilla (`transform.forward`).
- **`if (Physics.Raycast(rayo, out hit)) { ... }`**: Utiliza la función Raycast para determinar si el rayo intersecta con algún objeto en el escenario. Si es así, la información del impacto se almacena en la variable `h it`.
- **`Vector3 posicionImpacto=hit.point;`**: Obtiene la posición de impacto del rayo y la almacena en `posicionImpacto`.
- **`Instantiate(sistemaParticulas, posicionImpacto, Quaternion.identity);`**: Crea una instancia del sistema de partículas en la posición de impacto. `Quaternion.identity` indica que no se aplicará ninguna rotación adicional a la instancia.

El **principio de responsabilidad individual** es un concepto de diseño de *software* que sugiere que cada clase o módulo debería tener una única razón para existir, es decir, una única responsabilidad. En otras palabras, una clase debe estar diseñada para hacer una cosa y hacerla bien. Este principio promueve la cohesión y el bajo acoplamiento en el código, facilitando el mantenimiento, la comprensión y la modificación del *software*.

En términos más simples, cada componente de un sistema debería tener una tarea clara y específica. Si una clase o módulo tiene múltiples responsabilidades, se vuelve más difícil de entender, mantener y modificar. La división de responsabilidades ayuda a evitar efectos secundarios no deseados y facilita la reutilización de código en distintos contextos. Este principio es parte del conjunto de principios SOLID de diseño de *software.*

El principio de responsabilidad individual, también conocido como el **principio de responsabilidad única (SRP)**, es uno de los principios fundamentales de diseño de *software* dentro del paradigma de programación orientada a objetos.

## Desglose del SRP:

- *Claridad y mantenibilidad*: El SRP aborda la claridad y la mantenibilidad del código. Al asignar a cada clase una única responsabilidad, se mejora la comprensión del código, facilitando su mantenimiento y reduciendo la probabilidad de errores.
- *Cohesión*: La cohesión refleja hasta qué punto están relacionados los elementos internos de una clase. Al seguir el SRP, se logra una mayor cohesión dentro de las clases, ya que cada una se centra en una tarea específica.

NOTAS

*(continuación...)*

- *Cambios independientes:* Al asignar una sola responsabilidad a cada clase se reducen las posibilidades de que un cambio en una parte del sistema afecte a otras partes. Esto facilita la evolución del *software* y reduce el riesgo de introducir errores inesperados.
- *Reutilización de código:* Las clases que siguen el SRP son más propensas a ser reutilizables en diferentes contextos. Al tener una responsabilidad bien definida, es más probable que una clase pueda integrarse en otros sistemas sin cambios significativos.
- *Facilita pruebas unitarias*: La modularidad resultante de seguir el SRP facilita la escritura de pruebas unitarias. Cada clase puede probarse de manera aislada, sin depender excesivamente de otros componentes.
- *Escalabilidad*: El SRP contribuye a la escalabilidad del sistema. Si se necesita agregar una nueva funcionalidad o cambiar una existente, es más fácil identificar y modificar una clase específica sin afectar el resto del sistema.

Ejemplo: supongamos que tenemos una aplicación de gestión de empleados. Podríamos tener una clase `Empleado` que tiene métodos para calcular el salario, gestionar las vacaciones y generar informes. Si seguimos el SRP, podríamos separar estas responsabilidades en clases distintas: `CalculadoraSalario`, `GestorVacaciones` y `GeneradorInformes`.

El SRP es una guía valiosa para la estructuración de código en sistemas complejos. Al adherirse a este principio, los desarrolladores pueden crear *software* más claro, mantenible, resistente a cambios y propenso a la reutilización. Esto contribuye a la construcción de sistemas más robustos y escalables a medida que evolucionan con los requisitos del negocio y las demandas del entorno.

## 61. Crea un sistema de diálogo simple, estilo novela visual, con *arrays* o listas para el guion, y un panel y texto en la interfaz de usuario. Al pulsar la tecla espaciadora aparece la siguiente línea de guion.

 **Tiempo:** 50 minutos

```
using UnityEngine;
using UnityEngine.UI;
public class SistemaDialogo : MonoBehaviour
{
  public string[] guion;
  public Text textoDialogo;
  private int indiceActual;
  void Start()
  {
    MostrarSiguienteLinea();
  }
  void Update()
```

NOTAS

```
    {
      //  Detectar pulsación de la tecla Espacio para
      //  mostrar la siguiente línea
      if (Input.GetKeyDown(KeyCode.Space))
      {
        MostrarSiguienteLinea();
      }
    }
    void MostrarSiguienteLinea()
    {
      // Verificar si hay más líneas en el guion
      if (indiceActual < guion.Length)
      {
        //  Mostrar la siguiente línea en el
        //  componente Text del panel
        textoDialogo.text = guion[indiceActual];
        indiceActual++;
      }
      else
      {
        //  Si se ha alcanzado el final del guion,
        //  ocultar el panel de diálogo
        textoDialogo.text = "";
        gameObject.SetActive(false);
      }
    }
  }
```

El componente `Text` en Unity es un elemento que sirve para la creación de interfaces de usuario (UI). Se encuentra dentro del sistema de UI y se utiliza para mostrar texto en la pantalla del juego.

Este componente se utiliza comúnmente para representar información textual en la interfaz de usuario de un juego. Puede mostrar desde mensajes simples hasta información más compleja, como puntuaciones, instrucciones o cualquier otro texto relevante para la experiencia del usuario.

## Principales características y funciones del componente `Text`

Las características y funciones principales de `Text` son las siguientes:

- **Texto**: La propiedad fundamental del componente es el propio texto que se mostrará. Puedes establecer y modificar dinámicamente este texto a través de *scripts* para reflejar información en tiempo real.
- **Fuente y estilo**: El `Text` permite seleccionar la fuente del texto, su tamaño, color y estilo. Esto proporciona flexibilidad en la apariencia del texto, permitiendo adaptarlo al diseño visual del juego.
- **Alineación y ajuste de texto**: Puedes alinear el texto horizontal y verticalmente para asegurar que se presente de la manera deseada. Además, el componente incluye opciones para ajustar automáticamente el tamaño del texto según el espacio disponible.
- **`Rich Text`**: Admite `Rich Text`, lo que significa que puedes aplicar formato al texto mediante etiquetas especiales, permitiendo la inclusión de negrita, cursiva, colores y otros estilos.
- **Uso común**: Se emplea en combinación con otros elementos de la UI, como paneles, botones y barras de desplazamiento, para crear interfaces más complejas y completas. A través de *scripts* en C# puedes controlar dinámicamente el contenido del texto, respondiendo a eventos del juego o actualizando información en tiempo real.

NOTAS

*(continuación...)*

- **Localización e internacionalización**: Es valioso en situaciones de localización e internacionalización. Puedes cambiar fácilmente el texto mostrado según el idioma seleccionado por el jugador, facilitando la adaptación del juego a audiencias multilingües.
- **Optimizaciones y mejoras de rendimiento**: Al usar el componente `Text`, es importante tener en cuenta las optimizaciones de rendimiento, especialmente en interfaces de usuario complejas. La gestión eficiente de recursos es crucial para garantizar un rendimiento suave del juego, especialmente en plataformas con recursos limitados.

## 62. Sobre el ejercicio anterior, carga el guion desde un archivo en la carpeta Resources.

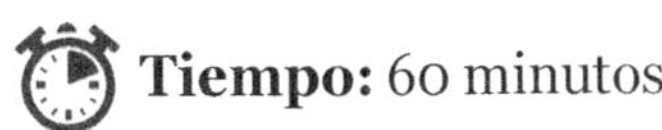


Para cargar el guion desde un archivo en la carpeta Resources en Unity, primero asegúrate de tener una carpeta llamada Resources dentro de la carpeta Assets. Luego crea un archivo de texto en esa carpeta con el guion.

```
using UnityEngine;
using UnityEngine.UI;
using System.Collections.Generic;
public class SistemaDialogo : MonoBehaviour
{
    public Text textoDialogo;
    private List<string> lineasDialogo = new
```

NOTAS

```
List<string>();
private int indice=0;

void Start()

{

  CargarGuion("nombreDelArchivo"); //  Reemplaza
  //  "nombreDelArchivo" con el nombre real de tu
  //  archivo de guion

  MostrarSiguienteLinea();

}

void Update()

{

  if (Input.GetKeyDown(KeyCode.Space))

  {

    MostrarSiguienteLinea();

  }

}

void MostrarSiguienteLinea()

{

  if (indice < lineasDialogo.Count)

  {

    string lineaActual = lineasDialogo[indice];
    textoDialogo.text = lineaActual;
    indice++;

  }

  else

  {

    textoDialogo.text = "";
    gameObject.SetActive(false);

  }

}

void CargarGuion(string nombreArchivo)

{

  TextAsset archivo = Resources.
  Load<TextAsset>(nombreArchivo);
  if (archivo != null)
```

NOTAS

```
        {
            string[] lineas = archivo.text.Split('\n');
            foreach (string linea in lineas)
            {
                lineasDialogo.Add(linea);
            }
        }
        else
        {
            Debug.LogError("No se encontró el archivo de
            guion: " + nombreArchivo);
        }
    }
}
```

`Resources.Load` es una función en Unity que se utiliza para cargar recursos (como texturas, modelos, materiales, archivos de audio, etc.) desde la carpeta Resources. Su sintaxis básica es:

```
Resources.Load<T>("ruta/del/recurso");
```

- **T**: El tipo de recurso que se espera cargar (por ejemplo, `TextAsset` para archivos de texto, `Texture` para texturas, etc.).
- **"ruta/del/recurso"**: La ruta del recurso relativa a la carpeta Resources (sin incluir la extensión del archivo).

Por ejemplo, si tienes un archivo de texto llamado «miGuion.txt» en la carpeta Resources / Dialogos, puedes cargarlo así:

```
TextAsset miGuion = Resources.
Load<TextAsset>("Dialogos/miGuion");
```

Ten en cuenta que **Resources es una carpeta especial** en Unity, y todos los recursos que desees cargar dinámicamente deben estar ubicados dentro de ella. También es importante que recuerdes que su uso excesivo no se considera la mejor práctica, ya que puede afectar al rendimiento y la eficiencia de la construcción de tu juego. En su lugar, se recomienda utilizar el sistema de direccionamiento de recursos de Unity o AssetBundles para una gestión más eficiente de los recursos.

## Carpetas especiales

Unity proporciona diversas carpetas especiales que tienen propósitos específicos y facilitan la gestión de recursos. Entre estas carpetas, dos de las más destacadas son **Resources** y **StreamingAssets.**

1

**La carpeta Resources en Unity***:* Es un directorio especial destinado a contener activos que deben cargarse dinámicamente en tiempo de ejecución mediante *scripts*. Los activos colocados en ella se pueden cargar mediante el uso de la función `Resources.Load`. Esto facilita la carga de activos, como texturas, modelos 3D o archivos de audio, durante la ejecución del juego sin necesidad de referenciarlos directamente en el inspector de Unity.

NOTAS

1

*(continuación...)*

La principal ventaja de la carpeta Resources radica en su capacidad para cargar recursos de manera dinámica, permitiendo a los desarrolladores cargar activos basándose en condiciones de tiempo de ejecución o preferencias del jugador. Sin embargo, se debe utilizar con moderación, ya que su abuso puede conducir a una estructura de proyecto menos clara y a una carga innecesaria de recursos.

2

**La carpeta StreamingAssets**: Es un directorio especial destinado a contener archivos que deben ser incluidos con la construcción del juego y a los que se puede acceder directamente desde la ruta de ejecución. Esto es especialmente útil para activos que no necesitan ser modificados o procesados por Unity durante el tiempo de ejecución.

Los archivos colocados en StreamingAssets se conservan en su formato original y son accesibles mediante la ruta específica de la plataforma (`Application.streamingAssetsPath`). Esto es útil para incluir datos estáticos como archivos de configuración, bases de datos o cualquier otro recurso que no necesite ser modificado durante la ejecución del juego.

Esta carpeta es ideal para archivos que deben incluirse con la construcción del juego y no requieren manipulación durante la ejecución. Es especialmente útil para situaciones en las que se necesitan archivos de datos adicionales para el funcionamiento del juego.

NOTAS

La carpeta Resources debe usarse con precaución y de manera estratégica. La carga dinámica de activos puede ser útil, pero su uso excesivo puede conducir a una falta de claridad en la estructura del proyecto.

## 63. Crea un contador de clics sobre un botón de UI.

 **Tiempo:** 20 minutos

```
using UnityEngine;
using UnityEngine.UI;
public class ContadorClics : MonoBehaviour
{
    public Text textoContador;
    private int contadorClics = 0;
    private void Start()
    {
        // Asigna el método que ejecutar cuando se
        // hace clic en el botón
        GetComponent<Button>().onClick.
        AddListener(IncrementarContador);
    }
    private void IncrementarContador()
    {
        contadorClics++;
        ActualizarTextoContador();
    }
    private void ActualizarTextoContador()
    {
        textoContador.text = "Clics: " + contadorClics.
        ToString();
    }
}
```

NOTAS

La línea GetComponent<Button>().onClick.AddListener(IncrementarContador); se utiliza para registrar un método (en este caso, IncrementarContador) que se ejecutará cuando se haga clic en el botón asociado al componente Button en el objeto actual

Desglosemos cada parte:

- **GetComponent<Button>()**: Obtiene el componente Button adjunto al objeto actual. Este componente es necesario para interactuar con eventos de clic.
- **onClick**: Representa el evento de clic del botón.
- **AddListener(IncrementarContador)**: Agrega un «escuchador» al evento de clic. En este caso, se especifica que, cuando el botón reciba un clic, se debe ejecutar el método IncrementarContador.

Este enfoque es común en Unity para gestionar eventos en los elementos de la interfaz de usuario. Cuando se clica el botón, el método IncrementarContador se activa, aumentando el contador y actualizando el texto para reflejar el cambio. En ocasiones puede ser preferible gestionar los eventos de la UI desde código en lugar desde el editor de Unity, como hemos visto en el ejercicio anterior.

En Unity, los eventos como onClick.AddListener permiten que los desarrolladores respondan a las acciones del usuario, como clics, toques o interacciones específicas. En particular, onClick.AddListener se utiliza comúnmente para asignar funciones que se ejecutarán cuando un elemento de la UI, como un botón, reciba un clic.

NOTAS

La función `AddListener` pertenece al sistema de eventos de Unity y es específica de la interfaz de usuario. Al asignar una función a este evento, se establece una conexión entre la acción del usuario (clic en este caso) y el código que se ejecutará en respuesta a esa acción.

Cuando un botón (o cualquier otro elemento interactivo) tiene un `onClick.AddListener`, se está preparando para manejar el evento de clic. La función que se le asigna al `AddListener` se ejecutará cuando el usuario interactúe con ese elemento de la UI.

Este tipo de eventos es crucial para el desarrollo de juegos y aplicaciones interactivas. Por ejemplo, en un juego de puzle, un botón podría tener asignada una función que revele una pista cuando se hace clic. En una aplicación de reproductor de música, un botón Reproducir podría tener una función que inicie la reproducción de la canción seleccionada.

La sintaxis `onClick.AddListener` refleja la capacidad de Unity para trabajar con funciones de devolución de llamada (`Callbacks`). La función proporcionada como argumento es la acción específica que se llevará a cabo cuando ocurra el evento, en este caso, el clic.

Este enfoque basado en eventos proporciona una separación efectiva entre la lógica del juego y la interacción del usuario. Permite que los desarrolladores definan comportamientos específicos para diferentes eventos sin acoplar en exceso los elementos de la interfaz con la lógica del juego.

Es importante tener en cuenta que este sistema de eventos no está limitado a los clics. Otros eventos comunes en la interfaz de usuario incluyen `onHover`, para acciones cuando el puntero del ratón está sobre un elemento, y `onValueChanged`, para detectar cambios en elementos como barras deslizantes.

NOTAS

## 64. Sobre el ejercicio anterior, hacer que el contador permanezca de una ejecución a otra (sin usar la clase `PlayerPrefs`).

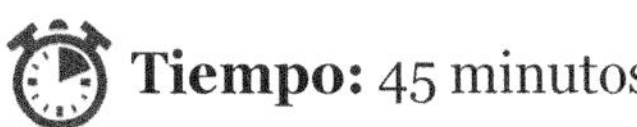


Siempre es buen momento para un ejemplo de uso de Binary Formatter para guardar datos.

```
using UnityEngine;
using UnityEngine.UI;
using System.IO;
using System.Runtime.Serialization;
using System.Runtime.Serialization.Formatters.Binary;
public class ClickCounter : MonoBehaviour
{
   public Text textoContador;
   private int contadorClics;
   private void Start()
   {
      // Cargar el contador desde el archivo al
      // iniciar
      CargarContador();
      ActualizarTextoContador();
      GetComponent<Button>().onClick.
      AddListener(IncrementarContador);
   }
   private void OnDestroy()
   {
      // Guardar el contador en el archivo al salir
      GuardarContador();
   }
```

NOTAS

```
private void IncrementarContador()
{
    contadorClics++;
    ActualizarTextoContador();
}


private void ActualizarTextoContador()
{
    textoContador.text = “Clicks: “ + contadorClics.
    ToString();
}
private void GuardarContador()
{
    //  Crear un formateador binario
    BinaryFormatter formatter = new
    BinaryFormatter();
    //  Abrir o crear un archivo para guardar el
    //  contador
    using (FileStream fileStream = File.
    Create(Application.persistentDataPath +
    “/contador.dat”))
    {
        //  Serializar y escribir el contador en el
        //  archivo
        formatter.Serialize(fileStream,
        contadorClics);
    }
}
private void CargarContador()
{
    //  Verificar si el archivo existe
    string filePath = Application.persistentDataPath
    + “/contador.dat”;
    if (File.Exists(filePath))
    {
        //  Crear un formateador binario
        BinaryFormatter formatter = new
        BinaryFormatter();
```

NOTAS

```
            //  Abrir el archivo y deserializar el
            //  contador
            using (FileStream fileStream = File.
            Open(filePath,
            FileMode.Open))
            {
                try
                {
                    contadorClics = (int)formatter.
                    Deserialize(fileStream);
                }
                catch (SerializationException e)
                {
                    Debug.LogError("Error al deserializar: "
                    + e.Message);
                }
            }
        }
    }
}
```

El *script* utiliza `BinaryFormatter` de C# para serializar y deserializar el dato del contador.

Desglosemos el *script*:

- **`GuardarContador()`**:
  - Se crea una instancia de `BinaryFormatter`.
  - Se abre o crea un archivo binario en la carpeta persistente de datos de Unity utilizando `FileStream`.
  - Se serializa el contador actual usando `formatter.Serialize`.
  - Se cierra el archivo.

NOTAS

(continuación...)

- **`CargarContador()`**:
  - Se verifica si el archivo binario existe.
  - Si existe, se abre el archivo en modo lectura con `FileStream`.
  - Se intenta deserializar el archivo usando `formatter.Deserialize`.
  - Si la deserialización tiene éxito, se obtiene el valor del contador almacenado.

Esta metodología permite almacenar el contador en un formato binario, brindando cierta seguridad y eficiencia. La carpeta persistente de datos de Unity se utiliza para asegurar que los archivos sean accesibles y persistentes entre sesiones del juego.

## La serialización

La serialización es un proceso que se refiere a la conversión de datos o estructuras de datos en un formato que puede ser almacenado o transmitido y reconstruido posteriormente. En el contexto de la programación en Unity y muchos otros entornos, se utiliza para guardar y cargar datos, facilitando el almacenamiento persistente y la transferencia de información entre diferentes partes del código.

En Unity, juega un importante papel en la creación y manipulación de objetos. Los objetos en Unity, como *scripts*, texturas o configuraciones de escenas, a menudo necesitan ser serializados para poder guardarse en archivos o transmitirse entre la lógica del juego y la interfaz de usuario. Esto implica convertir objetos y sus datos asociados en un formato que se pueda almacenar o transmitir, y luego revertir ese proceso cuando sea necesario reconstruir el objeto.

NOTAS

Cuando un objeto se serializa, su estado actual se guarda en un formato específico, como JSON o binario, que se puede almacenar en archivos o enviar a través de la red. La serialización también es esencial para la implementación de sistemas de guardado y carga de juego, ya que permite preservar el estado del mismo incluso después de cerrar y reiniciar la aplicación.

Es importante destacar que no todos los datos o tipos de objetos se pueden serializar de la misma manera. Algunos tipos, como `Vector3` o `Color`, se serializan automáticamente en Unity, mientras que otros pueden requerir un enfoque más personalizado para garantizar una serialización y deserialización adecuadas.

> La serialización en Unity es un proceso fundamental para guardar, cargar y compartir datos entre diferentes partes del código. Permite la persistencia de información a lo largo del tiempo de ejecución del juego y facilita la transferencia de datos entre el código y el Editor de Unity. La comprensión y el uso eficaz de la serialización son muy importantes para el desarrollo eficiente y la creación de experiencias de juego fluidas en Unity.

## La directiva Using

En el ámbito de los espacios de nombres, la directiva Using se utiliza para importar un espacio de nombres completo o

NOTAS

tipos específicos de un espacio de nombres en un archivo de código. Esto simplifica la escritura del código al permitir referencias más cortas a tipos y evita tener que usar el nombre completo del tipo cada vez que se utiliza. Al importar un espacio de nombres con Using, se puede acceder a sus miembros directamente en el código, mejorando la legibilidad y reduciendo la redundancia.

Un ejemplo común de la directiva Using es cuando se trabaja con clases del espacio de nombres `System`, que contiene tipos fundamentales de C# como `Console`, `String` y otros. Al incluir `using System;`, se evita tener que escribir `System.Console` cada vez que se quiera usar la clase `Console`.

Además, la palabra clave Using también se utiliza en la declaración `using` que actúa como un bloque de código, especialmente conocido como «bloque Using». Este bloque se utiliza para garantizar la liberación adecuada de recursos, como archivos, conexiones de bases de datos o cualquier objeto que implemente la interfaz `IDisposable`. El «bloque Using» crea un ámbito limitado para el objeto y se asegura de que, una vez que el bloque se complete, los recursos se liberen automáticamente llamando al método `Dispose()` del objeto.

Por ejemplo, cuando se trabaja con archivos, el uso de Using asegura que el archivo se cierre correctamente, incluso si ocurre una excepción durante la ejecución del bloque. Esto es crucial para evitar pérdida de recursos y garantizar que se realicen las operaciones de limpieza necesarias.

La palabra clave Using en C# tiene dos roles fundamentales:

NOTAS

- Como directiva para importar espacios de nombres y simplificar el acceso a tipos.
- Como bloque para garantizar la liberación de recursos mediante la implementación de la interfaz `IDisposable`.

Ambos usos contribuyen significativamente a la legibilidad, mantenimiento y eficiencia del código en el desarrollo de *software* con C# y otros lenguajes relacionados.

## 65. Sobre el ejercicio anterior, crea un botón para resetear los clics.

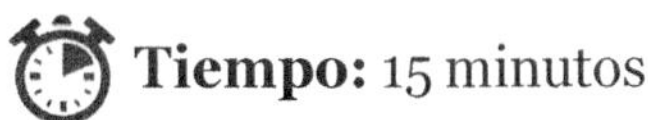


Lo único que tenemos que hacer es añadir el siguiente método a nuestra clase `ClickCounter`:

```
public void ResetearContador()
{
    contador = 0;
    ActualizarTextoContador();
    GuardarContador();
}
```

...y llamar a este método desde un botón de la UI. Puedes enlazar el botón y crear un Listener desde código como hemos visto, o enlazarlo manualmente desde el inspector.

## La encapsulación

La encapsulación es uno de los conceptos fundamentales en la **programación orientada a objetos (OOP)**, que busca organizar y controlar el acceso a los datos y comportamientos de un objeto. Este principio se basa en el ocultamiento de la implementación interna de un objeto y en la provisión de una interfaz clara y controlada para interactuar con él.

Uno de los aspectos clave de la encapsulación es la creación de clases, que actúan como plantillas para la creación de objetos. Las clases encapsulan tanto datos (atributos) como comportamientos (métodos) relacionados, formando una unidad coherente. Este agrupamiento permite que los detalles internos de una clase no sean directamente accesibles desde fuera de ella, estableciendo una barrera que protege la implementación interna.

La visibilidad de los miembros de una clase (atributos y métodos) se controla mediante modificadores de acceso, como Public, Private y Protected. La encapsulación busca que los detalles internos de una clase, marcados como Private, sean inaccesibles desde fuera de la misma, limitando el acceso directo a través de métodos públicos. Esto previene el acceso no autorizado y garantiza un control más preciso sobre cómo los objetos interactúan entre sí.

Al proporcionar una interfaz pública consistente, la encapsulación facilita el mantenimiento del código y la evolución del *software*. Los cambios internos en la implementación de una clase no afectarán a otros objetos que interactúan con ella, siempre y cuando la interfaz pública permanezca inalterada. Esto se conoce como el **principio de abstracción**, donde solo los detalles esenciales para la interacción están expuestos, ocultando la complejidad interna.

NOTAS

Además, la encapsulación contribuye a la modularidad del código. Al dividir el sistema en clases y ocultar los detalles de implementación, se facilita la creación de módulos independientes que pueden ser desarrollados, probados y mantenido de manera aislada. Esto promueve la reutilización de código y mejora la escalabilidad del sistema.

Otro beneficio de la encapsulación es la capacidad de controlar y validar el estado de un objeto mediante métodos específicos. Los métodos públicos proporcionan puntos de entrada controlados para modificar el estado interno del objeto, permitiendo la validación y aplicación de lógica personalizada antes de realizar cambios.

La **encapsulación** es un principio fundamental de la programación orientada a objetos que se centra en organizar y controlar el acceso a los datos y comportamientos de un objeto. Al limitar el acceso directo a la implementación interna y proporcionar una interfaz clara y controlada, la encapsulación mejora la modularidad, la mantenibilidad y la seguridad del código en el desarrollo de *software* orientado a objetos.

# QUINTA PARTE

NOTAS

En esta última parte te dejo un listado de ejercicios no tematizados. Tocarán cualquiera de los temas vistos hasta ahora y combinarán de cualquier forma las herramientas que ya hemos estudiado. La idea de esta quinta parte es eliminar la pista de saber en qué tipo de problema nos estamos moviendo. Los ejercicios de esta sección, además, no están ordenados por nivel de dificultad, sino que puedes encontrar diversos grados de dificultad en cualquiera de ellos, aunque como siempre, el tiempo para resolverlos te dará una pista.

## 66. Crea un objeto que se mueva de forma senoidal en un eje. El eje y la amplitud del movimiento deben estar dados por parámetro.

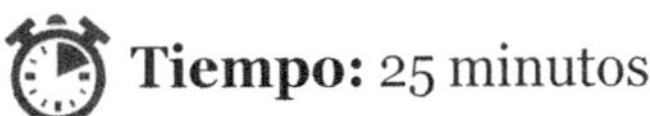

**Tiempo:** 25 minutos

Con este *script* podemos comenzar a darle comportamiento a las plataformas móviles de un juego:

```
using UnityEngine;
public class MovimientoSinoidal : MonoBehaviour
{
   public float velocidad = 2.0F;  //  Velocidad del
   //  movimiento senoidal
   public float amplitud = 2.0F;  //  Amplitud del
   //  movimiento
   public bool moverEnX = false;  //  ¿Debería
   //  moverse en el eje X?
   public bool moverEnY = true;   //  ¿Debería
   //  moverse en el eje Y?
   public bool moverEnZ = false;  //  ¿Debería
   //  moverse en el eje Z?
   private Vector3 posicionInicial;  //  Posición
   //  inicial del objeto
   void Start()
```

NOTAS

```
        {
            posicionInicial = transform.position;
        }
        void Update()
        {
            float movimientoX = moverEnX ? amplitud *
            Mathf.Sin(velocidad * Time.time) : 0;
            float movimientoY = moverEnY ? amplitud * Mathf.
            Sin(velocidad * Time.time) : 0;
            float movimientoZ = moverEnZ ? amplitud *
            Mathf.Sin(velocidad * Time.time) : 0;
            Vector3 nuevaPosicion = new Vector3(movimientoX,
            movimientoY, movimientoZ);
            Transform.position = posicionInicial +
            nuevaPosicion;
        }
    }
```

`Mathf.Sin` es una función en Unity que calcula el valor del seno de un ángulo o argumento dado. El seno es una función matemática que mapea un ángulo a un valor entre `-1` y `1`. En resumen, `Mathf.Sin` toma un valor en radianes y devuelve su valor seno. Se utiliza comúnmente en gráficos y animaciones para crear movimientos oscilatorios o sinusoidales, como el **movimiento sinoidal** en el *script* anterior.

La expresión `Mathf.Sin(velocidad*Time.time)` en Unity representa un movimiento senoidal que se utiliza comúnmente para crear animaciones fluidas y armónicas en juegos y aplicaciones. Para entender mejor esta línea de código es fundamental comprender el papel de las funciones matemáticas, en particular la función seno, y cómo Unity utiliza el tiempo y la velocidad para lograr un movimiento suave.

La función `Mathf.Sin` pertenece a la biblioteca Mathf de Unity y se utiliza para calcular el seno de un ángulo en

NOTAS

radianes. En el contexto de animaciones y movimiento, esta función se emplea para generar valores que oscilan entre `-1` y `1` a medida que el tiempo avanza.

La variable `velocidad` representa el factor de velocidad que determina la rapidez con la que el movimiento sinusal se produce. Multiplicar `velocidad` por `Time.time` implica que el argumento de la función del seno varía con el tiempo. `Time.time` devuelve el tiempo transcurrido desde el inicio de la aplicación, y al multiplicarlo por la velocidad, se ajusta la frecuencia del movimiento senoidal.

La función del seno tiene un comportamiento periódico, produciendo una oscilación continua entre `-1` y `1`. Al ajustar la velocidad, se controla la rapidez con la que esta oscilación ocurre. Una velocidad mayor hará que la oscilación sea más rápida, mientras que una velocidad menor la ralentizará.

Este tipo de **movimiento senoidal** es especialmente útil para crear transiciones suaves y naturales en animaciones, como el movimiento de un objeto que se desplaza de un lado a otro de manera suave y armónica. La propiedad fundamental del seno de generar valores que oscilan periódicamente lo convierte en una elección popular para estos propósitos.

La expresión se integra típicamente en el código de Unity para afectar a la posición, escala o rotación de un objeto en el espacio 3D o 2D. Por ejemplo, podría aplicarse a la posición en el eje X para lograr un movimiento ondulatorio lateral.

## 67. Crea una esfera que siga suavemente al objeto del ejercicio anterior.

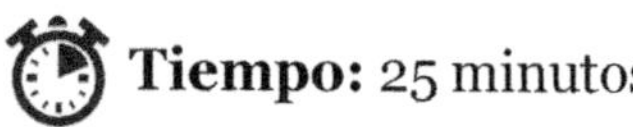

```
using UnityEngine;
public class SeguirCubo : MonoBehaviour
{
    public Transform cubo; //  Referencia al cubo que
    //  la esfera seguirá
    public float velocidadSeguimiento = 2.0F;
    //  Velocidad de seguimiento
    public float suavizado = 0.5F; //  Factor de
    //  suavizado
    private void Update()
    {
        if (cubo != null)
        {
            //  Calcula la posición deseada hacia el cubo
            Vector3 posicionDeseada = cubo.position;
            //  Aplica el suavizado para aligerar el
            //  movimiento de la esfera hacia la posición
            //  deseada
            transform.position = Vector3.Lerp(transform.
            position, posicionDeseada, suavizado * Time.
            deltaTime);
        }
    }
}
```

Con esta modificación, la esfera seguirá al cubo con un movimiento suave. El factor de suavizado (`suavizado`) controla la velocidad a la que la esfera se acercará al cubo. Ajusta este valor para controlar la cantidad de suavizado que deseas. Valores más bajos harán que la esfera se acerque más rápidamente, mientras que valores más altos proporcionarán un suavizado más lento y suave.

NOTAS

La función `Lerp` (interpolación lineal) es una función en Unity que se utiliza para mezclar suavemente dos valores a lo largo de un intervalo de tiempo. Resumidamente, toma tres argumentos: el valor **inicial**, el valor **final** y una **cantidad** que representa cuánto se debe interpolar entre los dos valores. El resultado es un valor que se encuentra en algún punto intermedio entre el valor inicial y el valor final, dependiendo del valor de la cantidad especificada. Es útil para lograr transiciones suaves y animaciones en juegos y aplicaciones.

La función `Lerp` en Unity, abreviatura de «linear interpolation» o interpolación lineal en español, sirve para realizar una transición suavizada entre dos valores a lo largo de un intervalo específico. Este método proporciona una manera eficaz de animar propiedades como posición, color o escala de manera uniforme y continua.

El proceso de interpolación lineal implica mezclar dos valores, `a` y `b`, en función de un parámetro `t` que varía entre `0` y `1`. El valor resultante, denominado `lerp`, representa una posición intermedia entre `a` y `b`. Cuando `t` es `0`, `lerp` es igual a `a`; cuando `t` es `1`, `lerp` es igual a `b`. Valores intermedios de `t` generan `lerp` en el espacio entre `a` y `b`.

En el contexto de Unity, la función `Lerp` se utiliza frecuentemente en combinación con `Time.deltaTime` para crear animaciones suaves y fluidas. `Time.deltaTime` representa el tiempo transcurrido desde el último fotograma, y se utiliza para ajustar la velocidad de la interpolación en función del rendimiento del sistema.

Un ejemplo común de uso de `Lerp` es el movimiento suave de un objeto entre dos puntos en el espacio. Al aplicar `Lerp` a la posición del objeto, se logra una transición gradual entre las coordenadas de inicio y fin. Este enfoque es preferido sobre métodos más abruptos, ya que produce movimientos más naturales y agradables a la vista.

La sintaxis de `Lerp` en Unity es la siguiente:

```
Mathf.Lerp(a, b, t)
```

...donde `a` y `b` son los valores que interpolar, y `t` es el parámetro de interpolación.

Este método se utiliza en múltiples contextos, como la transición de colores, la variación de opacidad y otros cambios graduales en propiedades.

El valor de `t` puede variar a lo largo del tiempo, permitiendo que la interpolación evolucione a lo largo de una animación. Ajustar la velocidad de cambio de `t` afectará a la rapidez con la que se realiza la interpolación. Se recomienda tener en cuenta la velocidad y el tiempo al emplear `Lerp` para garantizar animaciones suaves y adaptativas.

## 68. Crea una trampa de pinchos que aparece y desaparece del suelo.

**Tiempo:** 30 minutos

```
using System.Collections;
using UnityEngine;
public class TrampaPinchos : MonoBehaviour
{
    public Transform pinchos;
    public float tiempoEspera = 2.0F; //  Tiempo que
    //  los pinchos están arriba o abajo
    public float velocidad = 5.0F; //  Velocidad de
    //  movimiento de los pinchos
    private Vector3 posicionInicial;
    private bool subiendo = true;
    void Start()
    {
        posicionInicial = pinchos.position;
        StartCoroutine(ControlarMovimiento());
    }
    IEnumerator ControlarMovimiento()
    {
        while (true)
        {
            yield return new WaitForSeconds(tiempoEspera);
            if (subiendo)
            {
                yield return MoverPinchos(posicionInicial +
                Vector3.up * 2.0F);
            }
            else
            {
                yield return MoverPinchos(posicionInicial);
            }
            subiendo = !subiendo;
        }
    }
```

NOTAS

```
    IEnumerator MoverPinchos(Vector3 destino)
    {
        while (Vector3.Distance(pinchos.position,
        destino) > 0.1F)
        {
            pinchos.position = Vector3.
            MoveTowards(pinchos.position, destino,
            velocidad * Time.deltaTime);
            yield return null;
        }
    }
}
```

En este ejercicio podemos ver el uso de la instrucción `yield return` para llamar a una **corrutina** desde el interior de otra.

> `Vector3.MoveTowards` es una función en Unity que permite mover un punto desde su posición actual hacia un destino dado a una velocidad específica. La función devuelve un nuevo punto que se está moviendo de forma gradual hacia el destino.

La definición básica de la función es:

```
Vector3.MoveTowards(Vector3 current, Vector3 target,
float maxDistanceDelta);
```

NOTAS

Desglosándolo, sería:

- **`current`**: La posición actual del punto que se está moviendo.
- **`target`**: La posición a la que se quiere llegar.
- **`maxDistanceDelta`**: La distancia máxima que el punto puede moverse en un solo *frame*, lo que determina la velocidad del movimiento.

La función mueve el punto desde su posición actual hacia el destino a una velocidad controlada por `maxDistanceDelta`. Si el punto está más cerca del destino que `maxDistanceDelta`, se mueve directamente al destino. Esta función es útil para crear movimientos suaves y controlados en el espacio tridimensional, y se usa comúnmente en la animación y el movimiento de objetos en Unity.

## 69. Crea tres escenas. Cada una debe tener 2 botones que permitan ir a las otras escenas.

**Tiempo:** 20 minutos

Para implementar tres escenas con botones que permitan cambiar entre ellas, puedes seguir estos pasos:

NOTAS

**1**

Asigna este *script* a un objeto de la escena.

```
using UnityEngine;
using UnityEngine.SceneManagement;

public class CambioDeEscena :
MonoBehaviour

{

   public void CambiarEscena(string
   nombreEscenaDestino)

   {

      SceneManager.LoadScene
      (nombreEscenaDestino);

   }

}
```

**2**

Crea dos botones de UI. En el evento `OnClick` de cada botón, enlaza el objeto donde está el *script* y selecciona la función Cambiar Escena. En el parámetro de la función en el inspector, pon el nombre de una escena (usa «E1», «E2» y «E3» por ejemplo).

**3**

Duplica la escena dos veces y modifica los parámetros en cada escena. Renombra las escenas apropiadamente y añádelas a las Build Settings→Scenes in Build.

NOTAS

Una **escena** en Unity representa un conjunto autónomo de elementos del juego o de la aplicación, como objetos, luces y cámaras. SceneManager brinda una interfaz robusta para cargar, descargar y cambiar entre estas escenas de manera eficiente.

## Scene Manager

Con SceneManager, los desarrolladores podemos cargar y descargar escenas dinámicamente, permitiendo una experiencia de juego más fluida y la implementación de estructuras complejas en proyectos más grandes.

Un aspecto clave de SceneManager es la capacidad de cargar escenas de manera asíncrona. Esto significa que las escenas pueden cargarse en segundo plano mientras el juego sigue en ejecución, evitando interrupciones notables para el jugador. Este enfoque es especialmente beneficioso en juegos que requieren transiciones suaves entre niveles o áreas.

SceneManager también permite la transición entre escenas mediante métodos como `SceneManager.LoadScene` y `SceneManager.LoadSceneAsync`. Estos métodos aceptan argumentos como el nombre de la escena o el índice, brindando flexibilidad para implementar sistemas de cambio de nivel o áreas en juegos.

La integración de SceneManager con el concepto de *build settings* en Unity es lo que nos permite separar el juego en diferentes escenas. *Build settings* es donde se definen las escenas disponibles en el proyecto y se asignan índices específicos. SceneManager utiliza estos índices para cargar las escenas de

NOTAS

manera eficiente, reduciendo la necesidad de referencias directas por nombre.

SceneManager también permite la descarga de escenas que ya no son necesarias en tiempo de ejecución, liberando recursos y mejorando el rendimiento general del juego. Este proceso es vital en proyectos extensos donde la gestión eficiente de la memoria es importante de cara al rendimiento.

Además, SceneManager brinda la capacidad de manejar el paso de datos entre escenas mediante el uso de la clase `DontDestroyOnLoad` o utilizando el patrón Singleton. Esto permite que la información persista entre transiciones de escenas, lo cual es útil para mantener datos cruciales del juego, como puntuaciones o progresos del jugador.

Es importante tener en cuenta que la eficiencia en el uso de SceneManager también implica optimizar el diseño de las escenas y minimizar la carga de recursos no esenciales. El uso estratégico de las escenas y la comprensión de cómo manejar las transiciones son habilidades claves para desarrolladores de Unity.

**70. Crea la clase `Glitchosaurio`. Los *glitchosaurios* tienen fuerza, resistencia y tamaño. Pueden moverse, comer, esconderse y *buguearse*. No es necesario que implementes el interior de los métodos.**

**Tiempo:** 20 minutos

```
using UnityEngine;
public class Glitchosaurio : MonoBehaviour
{
  // Propiedades
  public float Fuerza { get; set; }
  public float Resistencia { get; set; }
  public float Tamaño { get; set; }
  // Métodos
  // Método para moverse
  public void Moverse()
  {
    // Lógica para mover al glitchosaurio
    Debug.Log("Glitchosaurio se está moviendo.");
  }
  // Método para comer
  public void Comer()
  {
    // Lógica para que el glitchosaurio coma
    Debug.Log("Glitchosaurio está comiendo.");
  }
  // Método para esconderse
  public void Esconderse()
  {
    // Lógica para que el glitchosaurio se esconda
    Debug.Log("Glitchosaurio se está escondiendo.");
  }
```

NOTAS

```
        // Método para buguearse
        public void Buguearse()
        {
            // Lógica para que el glitchosaurio se buguee
            Debug.Log("¡Glitchosaurio se está bugueando!");
        }
    }
```

Esta clase `Glitchosaurio` tiene propiedades para la fuerza, resistencia y tamaño del glitchosaurio. Los métodos incluyen `Moverse`, `Comer`, `Esconderse` y `Buguearse`, cada uno con un mensaje de depuración indicando la acción correspondiente. Estos mensajes se imprimirían en la consola de Unity cuando se llame a estos métodos.

Las **propiedades en C#** son una característica clave del lenguaje que permite encapsular el acceso y la manipulación de los campos de una clase. Actúan como intermediarios entre el código que utiliza una clase y los campos internos de esa clase, proporcionando un mecanismo para controlar el acceso, validar datos y realizar acciones adicionales cuando se leen o escriben valores.

> En términos simples, **las propiedades en C#** son métodos especiales que proporcionan una interfaz para obtener y establecer valores de campos privados dentro de una clase. A través de ellas, se puede implementar lógica personalizada para garantizar la coherencia y la seguridad en el acceso a los datos.

Para entender estas propiedades, es útil revisar su estructura básica. Una propiedad generalmente consta de dos bloques de código: el **bloque `get`** y el **bloque `set`**. El primero se

NOTAS

utiliza para obtener el valor de la propiedad, mientras que el segundo se emplea para establecer el valor de la propiedad.

```
public class Ejemplo
{
  private int _miVariable;
  public int MiPropiedad
  {
    get
    {
      // Lógica para obtener el valor
      return _miVariable;
    }
    set
    {
      // Lógica para establecer el valor
      _miVariable = value;
    }
  }
}
```

En este ejemplo, `MiPropiedad` es una propiedad de la clase `Ejemplo`, que encapsula el acceso a la variable `_miVariable`. El bloque `get` devuelve el valor actual de `_miVariable`, mientras que el bloque `set` establece el valor de `_miVariable` con la palabra clave `value`.

C# proporciona una sintaxis simplificada para propiedades simples, conocida como «modificadores de acceso automáticos de propiedades» (o «accesores»). Si no se necesita una lógica personalizada en los bloques `get` o `set`, se pueden utilizar accesores automáticos para reducir la cantidad de código.

```
public class Ejemplo
{
  public int MiPropiedad { get; set; }
}
```

NOTAS

En este caso, el compilador de C# generará automáticamente el código necesario para el bloque `get` y `set`, ahorrando tiempo y líneas de código al programador.

Las **propiedades** desempeñan un papel crucial en el concepto de encapsulamiento en la programación orientada a objetos. Al definir campos como privados y proporcionar acceso a ellos a través de propiedades públicas, se controla y se gestiona cómo se interactúa con los datos internos de una clase.

```
public class Persona
{
    private string _nombre;
    public string Nombre
    {
        get { return _nombre; }
        set
        {
            if (!string.IsNullOrEmpty(value))
            {
                _nombre = value;
            }
        }
    }
}
```

En este ejemplo, la propiedad `Nombre` encapsula el campo privado `_nombre`. La lógica en el bloque `set` asegura

NOTAS

que el nombre solo se establezca si no es nulo ni vacío, proporcionando una capa adicional de validación.

Una propiedad puede ser de solo lectura (sin bloque `set`) o de solo escritura (sin bloque `get`). Esto permite crear objetos inmutables o establecer valores que no se pueden modificar después de la inicialización.

```
public class Circulo
{
  private double _radio;
  //  Propiedad de solo lectura para obtener el área
  //  del círculo
  public double Area
  {
    get { return Math.PI * _radio * _radio; }
  }
    //  Propiedad de solo escritura para establecer
    //  el radio
    public double Radio
  {
  set
    {
      if (value > 0)
      {
        _radio = value;
      }
    }
  }
}
```

En este caso, la propiedad `Area` solo tiene un bloque `get`, permitiendo que se acceda al área del círculo pero no se pueda modificar directamente. La propiedad `Radio`, por su parte, solo tiene un bloque `set`, lo que significa

NOTAS

que solo se puede establecer el radio, pero no se puede leer directamente.

Además de las propiedades estándar, C# admite propiedades indexadas que permiten acceder a elementos de una colección mediante un índice.

```
public class Coleccion
{
  private string[] _elementos = new string[10];
  public string this[int index]
  {
    get { return _elementos[index]; }
    set { _elementos[index] = value; }
  }
}
```

En este ejemplo, `this[int index]` define una propiedad indexada que permite acceder y modificar elementos en la colección `_elementos` utilizando corchetes, de forma similar a como se accede a elementos en un *array*.

Las propiedades en C# son una característica fundamental que facilita la encapsulación y el control de acceso en la programación orientada a objetos. Proporcionan una interfaz para acceder y manipular datos internos de una clase, permitiendo la validación, la lógica personalizada y la creación de objetos más seguros y coherentes. Ya sea mediante el uso de accesores automáticos, encapsulamiento de datos o propiedades indexadas, las propiedades son una herramienta versátil para la construcción de *software* modular y eficiente en C#.

## 71. Crea la clase `Cria` que hereda de `Glitchosaurio`. Las crías de *glitchosaurio* tienen carisma y sabor.

**Tiempo:** 10 minutos

```
public class Cria : Glitchosaurio
{
    // Propiedades adicionales para las crías de
    // glitchosaurio
    public float Carisma { get; set; }
    public float Sabor { get; set; }
}
```

En este ejemplo, la clase `Cria` hereda de la clase `Glitchosaurio` y agrega las propiedades `Carisma` y `Sabor`.

> La herencia de clases es un principio fundamental en la programación orientada a objetos (POO) que permite la creación de nuevas clases basadas en clases ya existentes. Este concepto es clave para la reutilización de código y la creación de una jerarquía de clases que comparten atributos y comportamientos comunes. En el contexto de la POO, una clase puede heredar propiedades y métodos de otra, estableciendo una relación de «es un tipo de» entre ellas.

Al heredar de una clase base, la clase derivada (o subclase) adquiere todas las características de la clase base, incluyendo atributos y comportamientos. Esto facilita la creación de nuevas clases que aprovechan y amplían la funcionalidad existente sin tener que volver a escribir código ya implementa-

NOTAS

do. La herencia promueve la modularidad y la extensibilidad, ya que las modificaciones realizadas en la clase base afectarán automáticamente a todas las clases derivadas.

Un concepto clave asociado con la herencia es la **noción de «clase padre» y «clase hija»**. La clase de base se conoce como la «clase padre», mientras que la clase derivada se denomina «clase hija». La relación de herencia se establece mediante la palabra clave `extends` en algunos lenguajes de programación, como Java o C#, o mediante el símbolo :, como en C++ o Python.

Un beneficio sustancial de la herencia radica en la capacidad de abstraer conceptos comunes en una clase base y especializarlos en clases derivadas. Por ejemplo, en un sistema de modelado de animales, podríamos tener una clase base «Animal» con propiedades y métodos genéricos, y luego clases derivadas como «Perro» y «Gato», que heredan de la clase «Animal» y agregan comportamientos específicos.

Otro aspecto importante de la herencia es la capacidad de sobrescribir métodos en la clase derivada. Esto significa que una subclase puede proporcionar su propia implementación de un método que ya existe en la clase base. La sobrescritura permite adaptar el comportamiento heredado para satisfacer las necesidades específicas de la subclase, lo que contribuye a la flexibilidad y adaptabilidad del código.

NOTAS

Es crucial entender que la herencia debe usarse con moderación y de manera reflexiva. Una jerarquía de clases demasiado profunda o mal diseñada puede tener como resultado una complejidad innecesaria y acoplamientos fuertes entre clases. Además, el **principio de sustitución de Liskov** establece que las instancias de una clase base deben poder ser remplazadas por instancias de sus clases derivadas sin afectar a la integridad del programa.

La herencia de clases se combina frecuentemente con otros conceptos de la POO, como la encapsulación y el polimorfismo, para construir sistemas más complejos y modulares. Al comprender y aplicar adecuadamente la herencia, los desarrolladores pueden crear jerarquías de clases que promueven la reutilización del código y la construcción de sistemas más eficientes y mantenibles.

NOTAS

**72. Los *glitchosaurios* pueden comer cualquier *glitchosaurio* de menor tamaño si su fuerza es mayor que la resistencia de la víctima. Si la víctima es una cría, la fuerza del cazador se incrementa tanto como el valor del sabor de la cría.**

 **Tiempo:** 15 minutos

```
using UnityEngine;
public class GlitchosaurioComer : MonoBehaviour
{
  public float Fuerza { get; set; }
  public float Resistencia { get; set; }
  public float Tamaño { get; set; }
  //  Método para que un glitchosaurio coma a otro
  //  public void Comer(Glitchosaurio victima)
  {
    if(Tamaño > victima.Tamaño)
    {
      if (Fuerza > victima.Resistencia)
      {
        if (victima is Cria)
        {
          //  Incrementar la fuerza del cazador
          //  por el valor del sabor de la cría
          Fuerza += victima.Sabor;
        }
        //  Realizar acciones adicionales o
        //  eliminar a la víctima, según el
        //  contexto
        Debug.Log("¡Glitchosaurio ha comido a otro
        glitchosaurio!");
      }
      else
      {
        //  El cazador no puede comer a la víctima
        //  debido a la resistencia
        Debug.Log("¡No se puede comer a la
        víctima!");
      }
    }
  }
}
```

NOTAS

> El operador `is` es una construcción en muchos lenguajes de programación orientada a objetos que se utiliza para determinar si un objeto es una instancia de una determinada clase o tipo de datos. Proporciona una forma de verificar la relación de herencia entre clases y se utiliza comúnmente en situaciones en las que se necesita evaluar la compatibilidad de tipos antes de realizar ciertas operaciones.

Cuando se aplica el operador `is`, se verifica si el objeto en cuestión es una instancia de la clase especificada o un tipo compatible. Si la verificación es exitosa, el operador devuelve `true`; de lo contrario, devuelve `false`. Este mecanismo es útil para tomar decisiones condicionales basadas en el tipo de objeto con el que se está trabajando.

El uso más común de este operador está relacionado con la programación basada en interfaces o en clases de base. Al verificar si un objeto implementa una interfaz específica o es una instancia de una clase de base, se puede adaptar el comportamiento del programa de manera dinámica. Por ejemplo, en un contexto de polimorfismo, donde varias clases derivadas comparten una interfaz común, el operador `is` permite determinar si un objeto puede ser tratado como un tipo específico antes de realizar operaciones especializadas.

Además, el operador `is` puede ser útil en escenarios de manejo de excepciones, donde se desea determinar el tipo exacto de una excepción para tomar decisiones específicas de manejo. También se utiliza en situaciones en las que se reciben objetos genéricos y es necesario realizar acciones específicas según el tipo de objeto recibido.

NOTAS

Un ejemplo práctico podría ser un sistema de procesamiento de formas geométricas. Si se tiene una clase base «Forma» y clases derivadas como `Círculo` y `Cuadrado`, el operador `is` podría utilizarse para determinar si una forma específica es un círculo o un cuadrado antes de realizar cálculos específicos de cada forma.

Es importante tener en cuenta que, aunque el operador `is` es útil, su uso excesivo puede indicar un diseño deficiente o la necesidad de reconsiderar la estructura del código. En algunos casos, el polimorfismo y otras técnicas de diseño orientado a objetos pueden ofrecer soluciones más elegantes.

## 73. Genera 300 *glitchosaurios* con valores aleatorios y guárdalos en una lista.

 **Tiempo:** 20 minutos

Para resolver este ejercicio, tenemos que hacer una pequeña abstracción primero. Ya que no tenemos un objeto 2D o 3D que nos haga de *glitchosaurio*, podemos usar cualquier primitiva de Unity como un cubo o una esfera y añadirle el *script*. Debemos convertir en prefab esa primitiva.

Si más adelante quieres mejorar la representación, solo tendrías que editar el prefab.

NOTAS

```
using UnityEngine;
using System.Collections.Generic;
public class GeneradorGlitchosaurios : MonoBehaviour
{
  // Prefab de nuestros Glitchosaurios
  public GameObject glitchosaurioPrefab;
  // Lista para almacenar glitchosaurios y crias
  // generados
  private List<Glitchosaurio> poblacion = new
  List<Glitchosaurio>();
  void Start()
  {
    GenerarPoblacion(300);
  }
  // Método para generar glitchosaurios y crías
  public void GenerarPoblacion(int cantidad)
  {
    poblacion.Clear(); // Limpiar la lista antes de
    // generar una nueva población
    for(int i=0;i<cantidad;i++)
    {
      // Generar glitchosaurios con valores
      // aleatorios
      GameObject instancia =
      Instantiate(glitchosaurioPrefab);
      Glitchosaurio glitchosaurio = instancia.
      GetComponent<Glitchosaurio>();
      glitchosaurio.Fuerza = Random.Range(1,10);
      glitchosaurio.Resistencia = Random.
      Range(1,10);
      glitchosaurio.Tamaño = Random.Range(1,10);
      poblacion.Add(glitchosaurio);
    }
  }
}
```

El patrón de diseño Object Pool es una técnica que optimiza el rendimiento al reutilizar objetos en lugar de crear y

NOTAS

destruir repetidamente instancias nuevas. Se basa en mantener un conjunto de objetos predefinidos en memoria, lo que se conoce como la «piscina». Cuando se necesita un objeto, se adquiere desde la piscina en lugar de crear uno nuevo. Después de su uso, en lugar de destruirlo, se devuelve a la piscina para su reutilización.

La ventaja principal radica en la reducción de costos asociados con la creación y destrucción frecuentes de objetos. Esto mejora el rendimiento al evitar la sobrecarga de recursos y tiempo de ejecución. Además, evita la fragmentación de memoria al reutilizar objetos existentes y ofrece un control preciso sobre el número total de objetos en el sistema.

Sin embargo, existen desafíos, como la sincronización en entornos multihebra y la necesidad de considerar si los objetos son adecuados para ser reutilizados. La determinación del tamaño adecuado de la piscina también puede ser un desafío, ya que un tamaño insuficiente puede llevar a la falta de objetos disponibles, mientras que un tamaño excesivo puede provocar el desperdicio de memoria.

El Object Pool se aplica comúnmente en situaciones en las que la creación y destrucción frecuentes de objetos afectan negativamente al rendimiento. Esto incluye áreas como gráficos y renderización en motores de juegos, conexiones a bases de datos o recursos de red, y operaciones intensivas de cálculo donde se pueden reutilizar resultados previos. El Object Pool es una estrategia eficaz para mejorar la eficiencia en el manejo de objetos en sistemas que requieren una gestión cuidadosa de recursos.

En este caso, aunque no estamos creando el patrón de diseño Object Pool, estamos dando un pequeño paso en esa dirección al crear un generador de objetos parametrizado para controlar el número de objetos que usaríamos en el videojuego en un momento dado.

NOTAS

## Los patrones de diseño

Los patrones de diseño son soluciones probadas y flexibles para problemas comunes en el diseño de *software*. Estos patrones ofrecen un enfoque estructurado y reutilizable para resolver desafíos específicos, proporcionando un lenguaje común y compartido entre los desarrolladores. Su objetivo es mejorar la calidad del código, promover la flexibilidad y facilitar el mantenimiento del *software* a lo largo del tiempo.

Uno de los patrones de diseño más conocidos es el **patrón creacional**, que aborda la creación de objetos. Entre los ejemplos se encuentran el patrón Singleton, que garantiza la existencia de una única instancia de una clase, y el patrón Factory Method, que define una interfaz para crear un objeto, delegando la decisión de su tipo a las subclases.

Los patrones de diseño **estructurales** se centran en la composición de clases y objetos. Entre ellos, destacan el patrón Adapter, que permite que interfaces incompatibles trabajen juntas, y el patrón Decorator, que añade comportamientos a objetos de manera dinámica.

Además, los patrones de diseño **comportamentales** se centran en la comunicación y la responsabilidad entre objetos. El patrón Observer es ampliamente utilizado, permitiendo que un objeto, llamado sujeto, notifique automáticamente a sus dependientes, llamados observadores, sobre cualquier cambio de estado.

En el contexto de la arquitectura de *software*, los patrones de diseño **arquitectónicos** ofrecen soluciones a nivel

NOTAS

de sistema. El patrón MVC (Modelo-Vista-Controlador) divide una aplicación en tres componentes interconectados, facilitando la gestión de la lógica de negocio, la presentación y la entrada del usuario.

La aplicación efectiva de patrones de diseño requiere una comprensión sólida de los principios de diseño y la capacidad de reconocer situaciones donde un patrón específico puede ser beneficioso. La flexibilidad y la adaptabilidad son claves, ya que un patrón que es útil en un contexto puede no ser la mejor elección en otro.

## 74. Elimina todos los *glitchosaurios* de la lista cuya fuerza y resistencia sean iguales.

Para resolver este ejercicio podemos utilizar una expresión lambda y la librería LINQ.

```
using System.Linq;
[...]
public void LimpiarLista()
{
    Glitchosaurio[] sobrantes = poblacion.
    Where(glitchosaurio => glitchosaurio.Fuerza ==
    glitchosaurio.Resistencia).ToArray();
    poblacion.RemoveAll(glitchosaurio => glitchosaurio.
    Fuerza == glitchosaurio.Resistencia);
    foreach (var glitchosaurio in sobrantes)
    {
        Destroy(glitchosaurio.gameObject);
    }
}
```

## Las expresiones lambda

NOTAS

Las expresiones lambda es una característica poderosa de muchos lenguajes de programación modernos que permiten la creación de funciones anónimas de manera concisa. Estas expresiones proporcionan una forma más compacta y legible de definir funciones pequeñas y simples directamente en el código, sin necesidad de declarar una función por separado.

En términos simples, una expresión lambda es una función sin nombre que puede tener uno o más parámetros y una implementación de una sola expresión. Su sintaxis varía según el lenguaje de programación, pero comparten la idea central de proporcionar una forma concisa de expresar operaciones y funciones.

Una de las ventajas clave de las expresiones lambda es su capacidad para **mejorar la legibilidad del código**, especialmente en situaciones en las que se requieren funciones simples y se desea evitar la definición de funciones separadas. Al encapsular la lógica en el lugar donde se utiliza, las expresiones lambda pueden hacer que el código sea más claro y fácil de entender.

Además de su concisión, las expresiones lambda son especialmente útiles en situaciones donde se necesitan funciones como argumentos, como en el caso de las funciones de orden superior. Pueden usarse para pasar comportamientos específicos como parámetros a otras funciones, lo que **facilita la programación funcional y la escritura de código más modular y reutilizable**.

En muchos lenguajes de programación, las expresiones lambda suelen estar asociadas con funciones de orden superior y métodos de colecciones. Por ejemplo, en lenguajes como

NOTAS

Python, JavaScript o C#, las expresiones lambda son comúnmente utilizadas en funciones como `map`, `filter`, `reduce` o `forEach`, permitiendo un código más conciso y expresivo.

Aunque las expresiones lambda ofrecen claridad y concisión, es importante utilizarlas con moderación. En algunos casos, la creación de funciones con nombres descriptivos puede mejorar la comprensión del código en lugar de depender exclusivamente de expresiones lambda. Asimismo, la complejidad y longitud de una función pueden influir en la decisión de usar o no una expresión lambda.

> En conclusión, las expresiones lambda son una herramienta valiosa en la caja de herramientas de un programador moderno. Proporcionan una forma concisa y expresiva de definir funciones anónimas, mejorando la legibilidad y facilitando la programación funcional y modular. Sin embargo, su uso debe equilibrarse con la necesidad de mantener la claridad y la comprensión del código.

### Language Integrated Query (LINQ)

LINQ es una característica del ecosistema de desarrollo de Microsoft. Proporciona un conjunto de herramientas y sintaxis que permiten realizar consultas directamente en el código, facilitando la manipulación y extracción de datos de diversas fuentes, como colecciones de objetos, bases de datos y otros conjuntos de datos.

Una de las principales ventajas de LINQ es su **capacidad para unificar y simplificar la sintaxis de consulta**, independientemente del tipo de fuente de datos que se esté

NOTAS

utilizando. Al emplear una sintaxis declarativa, LINQ permite a los desarrolladores expresar lo que desean obtener en lugar de cómo obtenerlo, lo que da como resultado un código más claro y legible.

LINQ se basa en una serie de **operadores estándares** que se pueden aplicar a diferentes tipos de datos. Entre ellos, se encuentran operadores como `Where` para filtrar elementos, `Select` para proyectar datos, `OrderBy` para ordenar, y muchos más. Estos operadores se combinan para construir consultas complejas y expresivas que pueden abordar una variedad de escenarios.

Además, LINQ **se integra de manera fluida con diversos tipos de colecciones** en lenguajes como C#. Puede utilizarse con *arrays*, listas, diccionarios, así como con tipos de datos más complejos. Esto simplifica la manipulación de datos y elimina la necesidad de escribir bucles y condiciones manuales para realizar operaciones comunes.

Otro aspecto destacado de LINQ es su **compatibilidad con bases de datos**. LINQ to SQL y LINQ to Entities permiten realizar consultas directamente en bases de datos relacionales, lo que facilita la interacción con sistemas de gestión de bases de datos sin la necesidad de escribir SQL directamente. Esto no solo agiliza el desarrollo, sino que también proporciona una capa de abstracción que facilita el cambio de proveedores de bases de datos sin modificar significativamente el código.

La **extensibilidad** de LINQ es otro punto fuerte. Los desarrolladores pueden crear sus propios operadores y proveedores para adaptarse a necesidades específicas o trabajar con tipos de datos personalizados. Esto otorga una flexibilidad significativa al integrar LINQ en aplicaciones que tienen requisitos específicos o fuentes de datos no convencionales.

LINQ ofrece una sintaxis concisa para realizar consultas directamente. Desde la manipulación de colecciones hasta la interacción con bases de datos, LINQ simplifica el proceso de extracción y manipulación de datos, mejorando la **legibilidad del código** y la **eficiencia del desarrollo**.

## 75. Imprime por consola el nuevo número de *glitchosaurios*.

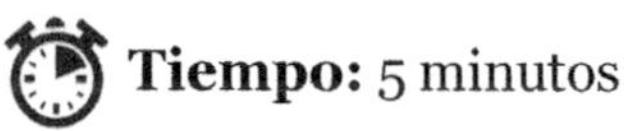

Nuestra función `Start` dentro de la clase «GeneradorGlitchosaurios» quedaría algo así:

```
void Start()
{
    GenerarPoblacion(300);
    LimpiarLista();
    Debug.Log("Glitchosaurios diferentes generados:
    "+poblacion.Count);
}
```

**La concatenación de *strings* con números** es una operación común cuando se trabaja con la interfaz de usuario, mensajes de depuración o cualquier situación en la que sea necesario combinar texto y valores numéricos para la presentación o el registro de información. Unity, al ser un motor de juego basado en C#, permite el uso de las técnicas estándares de concatenación y proporciona algunas características específicas para facilitar la manipulación de *strings*.

En C#, la concatenación de *strings* con números se puede realizar utilizando el operador +. En Unity, esto se aplica de manera similar y puede ser útil en situaciones como la construcción de mensajes para la consola o la actualización de textos en la interfaz de usuario.

NOTAS

> Por ejemplo, supongamos que queremos mostrar la puntuación de un jugador en un juego en Unity. Podríamos concatenar la puntuación a una cadena para luego mostrarla en la interfaz de usuario o en la consola de depuración:
>
> ```
> int puntuacion = 100;
> string mensaje = "Puntuación actual: " +
> puntuacion;
> Debug.Log(mensaje);
> ```
>
> En este caso, `Debug.Log` es un método proporcionado por Unity para imprimir mensajes en la consola de depuración. La concatenación de la cadena «Puntuación actual:» con el valor numérico de la variable `puntuacion` se realiza mediante el operador `+`.

Además de la concatenación estándar, Unity ofrece una forma más eficiente de manipular *strings* mediante la clase `StringBuilder`. Esta clase es particularmente útil cuando se realizan múltiples concatenaciones en un bucle o en situaciones de alto rendimiento. Aquí hay un ejemplo de cómo se podría usar `StringBuilder` en Unity:

```
using System.Text; // Asegúrate de importar el
// espacio de nombres necesario

// ...

int totalItems = 5;
StringBuilder mensajeBuilder = new StringBuilder
("Hay ");
mensajeBuilder.Append(totalItems);
mensajeBuilder.Append(" elementos en la escena.");
string mensajeFinal = mensajeBuilder.ToString();
Debug.Log(mensajeFinal);
```

NOTAS

En este ejemplo, `StringBuilder` se utiliza para construir la cadena de manera eficiente mediante el método `Append`, que agrega contenido al final del `StringBuilder`. Luego, el resultado se convierte en una cadena mediante el método `ToString()` y se imprime en la consola de depuración.

Otra opción es utilizar la **interpolación de cadenas,** una característica introducida en versiones más recientes de C#. En Unity, puedes utilizar interpolación de cadenas para lograr una sintaxis más clara y legible:

```
int totalVidas = 3;
string mensaje = $"Te quedan {totalVidas} vidas.";
Debug.Log(mensaje);
```

Aquí, la expresión `$"Te quedan {totalVidas} vidas."` utiliza la interpolación de cadenas para insertar directamente el valor de `totalVidas` en la cadena. Esta forma de concatenación es especialmente útil cuando se necesita combinar texto con múltiples valores numéricos de manera clara.

Es decir, puedes utilizar la concatenación estándar de *strings* con números mediante el operador +, la clase `StringBuilder` para operaciones más eficientes o la interpolación de cadenas para una sintaxis más clara y legible. La elección dependerá del contexto y de tus preferencias personales, pero es importante considerar la eficiencia, especialmente en situaciones en las que se realicen muchas operaciones de concatenación.

## 76. Crea un *script* que genere una esfera cada `0.25` segundos y esta reciba una fuerza aleatoria hacia arriba y a la derecha.

 **Tiempo:** 15 minutos

```
using UnityEngine;
public class GeneradorEsferas : MonoBehaviour
{
   public GameObject esferaPrefab;
   public float fuerzaMinima = 5F;
   public float fuerzaMaxima = 15F;
   void Start()
   {
      // Llamamos al método GenerarEsfera cada 0.25
      // segundos
      InvokeRepeating("GenerarEsfera", 0F, 0.25F);
   }
   void GenerarEsfera()
   {
      // Creamos una nueva esfera en una posición
      // aleatoria
      GameObject nuevaEsfera =
      Instantiate(esferaPrefab, transform.position,
      Quaternion.identity);
      // Añadimos una fuerza ascendente aleatoria a
      // la esfera
      Rigidbody rb = nuevaEsfera.
      GetComponent<Rigidbody>();
      if (rb != null)
      {
         float fuerzaAleatoria = Random.
         Range(fuerzaMinima, fuerzaMaxima);
         rb.AddForce(Vector3.up * fuerzaAleatoria +
         Vector3.right*fuerzaAleatoria, ForceMode.
         Impulse);
      }
   }
}
```

 NOTAS

## Variables públicas

Desglosemos cada parte:

- **`esferaPrefab`**: Representa el prefab de la esfera que se generará.
- **`fuerzaMinima`** y **`fuerzaMaxima`**: Definen los valores mínimo y máximo de la fuerza ascendente que se aplicará a las esferas.
- Método **`Start`**:
  - Este método se ejecuta una vez al inicio del *script*.
  - Utiliza **`InvokeRepeating`** para llamar repetidamente al método `GenerarEsfera` cada `0.25` segundos.
- Método **`GenerarEsfera`**:
  - Se encarga de crear una nueva esfera en la posición del `GameObject` donde está el *script*.
  - Se instancia una nueva esfera a partir del prefab definido.
  - Se obtiene el componente `Rigidbody` de la nueva esfera para aplicarle la fuerza ascendente.

## Aplicación de la fuerza ascendente

Se genera una fuerza aleatoria entre `fuerzaMinima` y `fuerzaMaxima` mediante `Random.Range`.

La fuerza se aplica en la dirección vertical (`Vector3.up`) usando el método `AddForce` del componente `Rigidbody`.

Se utiliza `ForceMode.Impulse` para aplicar la fuerza de manera instantánea.

NOTAS

`Vector3.up` en Unity es una constante que representa el vector de dirección hacia arriba en un espacio tridimensional. Este vector específico tiene coordenadas `(0, 1, 0)` en el sistema de coordenadas de Unity, donde el eje Y apunta hacia arriba. Al utilizar `Vector3.up`, se está haciendo referencia a un vector predefinido que siempre apunta hacia la dirección vertical positiva en la escena tridimensional.

Esta constante es extremadamente útil en entornos tridimensionales para realizar operaciones que involucren movimientos o fuerzas en la dirección vertical. Por ejemplo, si queremos aplicar una fuerza hacia arriba a un objeto, podemos usar este vector junto con la magnitud deseada para lograrlo.

Cuando se aplica en contextos como `rb.AddForce(-Vector3.up * fuerzaAleatoria, ForceMode.Impulse);` se está multiplicando `Vector3.up` por la magnitud `fuerzaAleatoria`, creando así un vector en la dirección vertical con la intensidad o fuerza específica. Esto se utiliza comúnmente para simular fuerzas, como el impulso hacia arriba de un objeto que es lanzado o salta en el espacio tridimensional.

Además de `Vector3.up`, Unity proporciona otras constantes similares, como `Vector3.forward` y `Vector3.right`, que representan las direcciones hacia adelante y hacia la derecha, respectivamente. Estas constantes son herramientas fundamentales para trabajar eficientemente en entornos 3D, ya que permiten realizar operaciones vectoriales de manera clara y concisa.

NOTAS

`Vector3.up` es un vector predefinido en Unity que representa la dirección vertical positiva en un espacio tridimensional. Su uso simplifica las operaciones relacionadas con la dirección vertical y es comúnmente empleado para aplicar fuerzas o movimientos específicos en juegos y simulaciones tridimensionales.

## 77. Sobre el ejercicio anterior, crea un suelo debajo del punto de instancia. Las esferas que toquen el suelo recibirán una fuerza ascendente hacia la izquierda, también aleatoria.

**Tiempo:** 15 minutos

```
using UnityEngine;
public class SueloInteractivo : MonoBehaviour
{
    public float fuerzaMinima = 5F;
    public float fuerzaMaxima = 10F;
    private void OnCollisionEnter(Collision collision)
    {
        //  Verificar si el objeto que colisiona tiene
        //  el tag "esfera"
        if (collision.gameObject.CompareTag("esfera"))
        {
            //  Obtener componente Rigidbody del objeto
            //  que colisiona
            Rigidbody rigidbodyObjeto = collision.
            gameObject.GetComponent<Rigidbody>();
```

NOTAS

```
        //  Aplicar fuerza hacia arriba aleatoria
        float fuerzaAleatoria = Random.
        Range(fuerzaMinima, fuerzaMaxima);
        rigidbodyObjeto.AddForce(Vector3.up *
        fuerzaAleatoria-Vector3.right*fuerzaAleatoria,
        ForceMode.Impulse);
      }
    }
  }
```

Desglosemos cada parte:

El *script* declara dos variables públicas, **`fuerzaMinima`** y **`fuerzaMaxima`**, para controlar el rango de la fuerza aplicada hacia arriba.

**`OnCollisionEnter`**: Esta función se llama cuando el objeto al que se adjunta el *script* colisiona con otro objeto.

Dentro de esta función se realizan las siguientes acciones:

- Se verifica si el objeto con el que se ha colisionado tiene el *tag* «esfera» mediante `CompareTag("esfera")`.
- Se obtiene el componente `Rigidbody` del objeto colisionado usando `GetComponent<Rigidbody>()`.
- Se genera una fuerza aleatoria dentro del rango especificado utilizando `Random.Range(fuerzaMinima, fuerzaMaxima)`.
- Se aplica la fuerza hacia arriba al objeto colisionado usando `rigidbodyObjeto.AddForce(Vector3.up * fuerzaAleatoria-Vector3.right*fuerzaAleatoria, ForceMode.Impulse)`.

NOTAS

`CompareTag` es un método en Unity que se utiliza para comparar las etiquetas (*tags*) de objetos en un entorno de desarrollo de juegos. Esta función es especialmente útil cuando se quiere identificar objetos específicos con base en sus etiquetas y tomar decisiones o ejecutar acciones específicas en consecuencia.

Cuando se trabaja con el desarrollo de juegos en Unity, a menudo es necesario distinguir entre diferentes tipos de objetos en la escena. Para hacer esto de manera eficiente y legible, se asignan etiquetas (*tags*) a los objetos.

> Una **etiqueta** es simplemente una cadena de texto asociada a un objeto que le proporciona una identidad o categoría.

`CompareTag` resuelve la necesidad de comparar la etiqueta de un objeto con una cadena específica, y así determinar si el objeto pertenece a una categoría particular. Por ejemplo, si se tiene un objeto en la escena con la etiqueta «Enemigo», se podría usar `CompareTag` para verificar si ese objeto es un enemigo y tomar decisiones en consecuencia.

El método `CompareTag` se implementa de manera sencilla. Recibe una cadena como parámetro y compara esta cadena con la etiqueta del objeto al que se le aplica. Si hay coincidencia, devuelve `true`; de lo contrario, devuelve `false`. La comparación reconoce mayúsculas y minúsculas, por lo que es importante asegurarse de que la cadena proporcionada sea idéntica a la etiqueta del objeto.

En términos prácticos, `CompareTag` es fundamental en situaciones en las que se quiere programar respuestas específicas basadas en la naturaleza de los objetos en el juego.

Por ejemplo, si se desarrolla un juego de disparos, se podría utilizar este método para identificar si el objeto con el que el jugador interactúa es un enemigo y, en caso afirmativo, desencadenar acciones, como, por ejemplo, aplicar daño al jugador.

NOTAS

> La ventaja clave de `CompareTag` radica en su eficiencia y simplicidad. Facilita la escritura de código claro y comprensible, permitiendo que los desarrolladores tomen decisiones basadas en las categorías de objetos sin tener que realizar comparaciones más elaboradas o complejas.

## 78. Sobre el ejercicio anterior, el generador inicia «apagado» y se enciende y apaga pulsando la tecla espaciadora.

**Tiempo:** 25 minutos

```
using UnityEngine;
public class GeneradorEsferas : MonoBehaviour
{
    public GameObject esferaPrefab;
    public float fuerzaMinima = 5F;
    public float fuerzaMaxima = 15F;
    private bool generadorEncendido = false;
    void Update()
    {
        // Verificar si se presiona la tecla Espacio
        if (Input.GetKeyDown(KeyCode.Space))
```

NOTAS

```
        {
            //  Cambiar el estado del generador
            //  (encender/apagar)
            if (generadorEncendido)
            DesactivarGenerador();
        else
            ActivarGenerador();
        }
    }
    void ActivarGenerador()
    {
        //  Iniciar la generación de esferas cada 0.25
        //  segundos
        InvokeRepeating("GenerarEsfera", 0F, 0.25F);
        generadorEncendido = true;
        Debug.Log("Generador encendido.");
    }
    void DesactivarGenerador()
    {
        //  Detener la generación de esferas
        CancelInvoke("GenerarEsfera");
        generadorEncendido = false;
        Debug.Log("Generador apagado.");
    }
    void GenerarEsfera()
    {
            //  Creamos una nueva esfera en una posición
            //  aleatoria
            GameObject nuevaEsfera =
            Instantiate(esferaPrefab, transform.position,
            Quaternion.identity);
            //  Añadimos una fuerza ascendente aleatoria
            //  a la esfera
            Rigidbody rb = nuevaEsfera.
            GetComponent<Rigidbody>();
            if (rb != null)
        {
            float fuerzaAleatoria = Random.
            Range(fuerzaMinima, fuerzaMaxima);
            rb.AddForce(Vector3.up *
            fuerzaAleatoria+Vector3.right*fuerzaAleatoria,
            ForceMode.Impulse);
        }
    }
}
```

En cada fotograma del juego, se verifica si la tecla espaciadora (`KeyCode.Space`) ha sido presionada utilizando la función `Input.GetKeyDown`. Si se presiona la tecla espaciadora, se procede a cambiar el estado del generador llamando a las funciones `ActivarGenerador` o `DesactivarGenerador`, según el estado actual del generador:

- **`ActivarGenerador`**: Este método se encarga de activar el generador. Primero, utiliza `InvokeRepeating` para iniciar la generación de esferas llamando al método `GenerarEsfera` cada `0.25` segundos. Luego, se actualiza la variable `generadorEncendido` a `true` para indicar que el generador está activo, y se emite un mensaje de depuración a la consola utilizando `Debug.Log` para informar de que el generador se ha encendido.
- **`DesactivarGenerador`**: Este método se encarga de desactivar el generador. Utiliza `CancelInvoke` para detener la generación periódica de esferas llamando a `GenerarEsfera`. Posteriormente, actualiza la variable `generadorEncendido` a `false` para indicar que el generador ha sido apagado, y emite un mensaje de depuración indicando que el generador ha sido apagado.

## La función `CancelInvoke`

La función `CancelInvoke` se utiliza en Unity para detener la repetición de la invocación de un método específico que ha sido previamente programado mediante `InvokeRepeating`. Este método es útil cuando se desea interrumpir el patrón de llamadas periódicas de una función en particular.

NOTAS

Cuando se llama a `InvokeRepeating`, se establece un temporizador que ejecuta la función especificada repetidamente cada cierto intervalo de tiempo. Sin embargo, en algunos casos, puede ser necesario detener este proceso antes de que alcance su límite de tiempo, previamente definido.

Esta función proporciona una manera de hacerlo. Cuando se llama a `CancelInvoke` con el nombre del método que está siendo invocado repetidamente, Unity cancela todas las futuras invocaciones de ese método.

Un escenario típico de uso de `CancelInvoke` es cuando se tiene un generador o un temporizador que llama a una función periódicamente y se quiere detener esa llamada en respuesta a ciertos eventos o condiciones específicas del juego.

En el caso de un generador de esferas, por ejemplo, puede ser útil detener la generación de estas cuando se alcanza un límite predefinido o cuando el jugador toma cierta acción. Al presionar la tecla espaciadora para apagar el generador en el ejercicio anterior, `CancelInvoke` se utiliza para detener la llamada continua a la función que genera esferas.

Es importante destacar que `CancelInvoke` afecta únicamente a las futuras invocaciones del método en cuestión. Cualquier llamada actual que ya esté en ejecución no se verá afectada. Además, `CancelInvoke` puede aplicarse a un objeto específico (llamándolo en el objeto en el que se inició la invocación) o globalmente (llamándolo en un objeto que afecte a todos los objetos de la escena). Este control granular proporciona flexibilidad en la gestión del flujo de ejecución del juego.

## 79. Sobre el ejercicio anterior, crea un texto en la UI que lleve la cuenta de las esferas generadas.

**Tiempo:** 25 minutos

```
using UnityEngine;
using UnityEngine.UI;
public class GeneradorEsferas : MonoBehaviour
{
  public GameObject esferaPrefab;
  public float fuerzaMinima = 5F;
  public float fuerzaMaxima = 15F;
  public Text contadorText; // Referencia al objeto
  // de texto en la UI
  private int esferasGeneradas = 0;
  private bool generadorEncendido = false;
  void Start()
  {
    ActualizarContador(); // Inicializar el texto
    // del contador
  }
  void Update()
  {
    // Verificar si se presiona la tecla Espacio
    if (Input.GetKeyDown(KeyCode.Space))
    {
      // Cambiar el estado del generador
      // (encender/apagar)
      if (generadorEncendido)
      DesactivarGenerador();
      else
      ActivarGenerador();
    }
  }
```

NOTAS

```
void ActivarGenerador()
{
    // Iniciar la generación de esferas cada 0.25
    // segundos
    InvokeRepeating("GenerarEsfera", 0F, 0.25F);
    generadorEncendido = true;
    Debug.Log("Generador encendido.");
}
void DesactivarGenerador()
{
    // Detener la generación de esferas
    CancelInvoke("GenerarEsfera");
    generadorEncendido = false;
    Debug.Log("Generador apagado.");
}
void GenerarEsfera()
{
    // Creamos una nueva esfera en una posición
    // aleatoria
    GameObject nuevaEsfera = Instantiate
    (esferaPrefab, transform.position, Quaternion.
    identity);
    // Añadimos una fuerza ascendente aleatoria a
    // la esfera
    Rigidbody rb = nuevaEsfera.
    GetComponent<Rigidbody>();
    if (rb != null)
    {
        float fuerzaAleatoria = Random.
        Range(fuerzaMinima, fuerzaMaxima);
        rb.AddForce(Vector3.up * fuerzaAleatoria,
        ForceMode.Impulse);
    }
    esferasGeneradas++;
    // Incrementar el contador de esferas
    // generadas
    ActualizarContador(); // Actualizar el texto
    // del contador en la UI
}
```

```
    void ActualizarContador()
    {
        // Mostrar el número actual de esferas
        // generadas en el texto de la UI
        if (contadorText != null)
        {
            contadorText.text = "Esferas Generadas: " +
            esferasGeneradas.ToString();
        }
    }
}
```

NOTAS

En este código, hemos agregado un objeto de texto (`contadorText`) que actuará como el contador en la interfaz de usuario. Además, se ha introducido una nueva variable (`esferasGeneradas`) para rastrear el número de esferas generadas. La función `ActualizarContador` se encarga de actualizar el texto en la interfaz de usuario con el número actual de esferas generadas.

Para este ejercicio podríamos haber usado eventos de la siguiente forma:

```
using UnityEngine;
using UnityEngine.UI;
public class GeneradorEsferas : MonoBehaviour
{
    [...]
    // Declaración del delegado y evento
    public delegate void
    ContadorEsferasActualizado(int nuevoContador);
    public static event ContadorEsferasActualizado
    OnContadorEsferasActualizado;
    [...]
```

NOTAS

```
    void GenerarEsfera()
    {
        [...]
        esferasGeneradas++;
        // Invocar el evento cuando se actualiza el
        // contador
        OnContadorEsferasActualizado?.
        Invoke(esferasGeneradas);
    }
    [...]
}
```

La clase `GeneradorEsferas` no sería la que actualiza el contador, sino que invoca un evento cada vez que se genera una esfera con el número de esferas generadas. En un *script* en el GameObject del texto de la interfaz de usuario nos suscribiríamos al evento y actualizaríamos el texto.

```
// Suscribirse al evento cuando el objeto se activa
GeneradorEsferas.OnContadorEsferasActualizado +=
ActualizarContador;
// Desuscribirse al evento cuando el objeto se
// desactiva para evitar fugas de memoria
GeneradorEsferas.OnContadorEsferasActualizado -=
ActualizarContador;
```

Un **delegado** en C# es un tipo de dato que representa referencias a métodos, similar a un puntero a función en otros lenguajes. Los delegados permiten la creación de un contrato entre el que emite el evento y aquellos que desean responder a él. Un delegado define la firma de un método, especificando el tipo de retorno y los parámetros que debe tener cualquier método que desee ser invocado a través de ese delegado.

Por su parte, un **evento** en C# es una construcción que se basa en los delegados. Un evento proporciona una interfaz

NOTAS

más segura y controlada para que otros objetos se suscriban y respondan a ciertos acontecimientos en un objeto emisor. Los eventos encapsulan un delegado, permitiendo a los objetos suscritos reaccionar a eventos específicos sin exponer directamente el delegado subyacente.

La **combinación de delegados y eventos** facilita la implementación del patrón de observador. El objeto que emite el evento se convierte en el sujeto observado, y los objetos que desean responder se convierten en observadores. Esta separación de responsabilidades permite que los objetos se centren en sus tareas específicas y evita un acoplamiento innecesario.

Los **delegados multicast** son una característica adicional que permite que un delegado mantenga una lista de referencias a métodos, lo que permite que múltiples métodos sean invocados en respuesta a un solo evento. Esto es especialmente útil cuando varios objetos deben reaccionar a un mismo evento.

En el contexto de Unity, los eventos y delegados son herramientas valiosas para gestionar la interacción entre objetos de juego. Por ejemplo, en la creación de un juego, un evento puede ser utilizado para notificar a otros objetos cuando el jugador ha alcanzado ciertos objetivos o cuando se ha producido una colisión en el juego. Los sistemas de entrada, la lógica del juego y la interfaz de usuario pueden comunicarse de manera eficiente a través de eventos y delegados sin tener un conocimiento detallado entre ellos.

Los eventos y delegados proporcionan un mecanismo eficiente y desacoplado para manejar la comunicación entre objetos, permitiendo la creación de sistemas más flexibles y mantenibles en diferentes contextos de desarrollo, desde aplicaciones empresariales hasta la creación de videojuegos en plataformas como Unity.

## 80. Crea un cubo. Cada vez que hagas clic en él con el botón derecho, debe recibir una fuerza hacia arriba y un torque (torsión) aleatorio.

 **Tiempo:** 20 minutos

```
using UnityEngine;
public class AplicarFuerzaYTorque : MonoBehaviour
{
  void Update()
  {
    if (Input.GetMouseButtonDown(1))
    //  Botón derecho del ratón
    {
      if (RaycastSobreCubo())
      {
        AplicarFuerzaYTorqueAleatorio();
      }
    }
  }
```

NOTAS

```
    bool RaycastSobreCubo()
    {
      Ray rayo = Camera.main.ScreenPointToRay(Input.
      mousePosition);
      RaycastHit hit;
      if (Physics.Raycast(rayo, out hit))
      {
        return hit.collider.gameObject == gameObject;
      }
      return false;
    }
    void AplicarFuerzaYTorqueAleatorio()
    {
      Rigidbody rb = GetComponent<Rigidbody>();
      if (rb != null)
      {
        // Aplicar una fuerza hacia arriba
        float fuerzaAleatoria = Random.Range(5F, 10F);
        rb.AddForce(Vector3.up * fuerzaAleatoria,
        ForceMode.Impulse);
        // Aplicar una torsión aleatoria
        float torqueAleatorio = Random.Range(2F, 5F);
        Vector3 torque = new Vector3(Random.Range(-
        torqueAleatorio, torqueAleatorio),
        Random.Range(-torqueAleatorio,
        torqueAleatorio),
        Random.Range(-torqueAleatorio,
        torqueAleatorio));
        rb.AddTorque(torque, ForceMode.Impulse);
      }
    }
  }
```

`AddTorque` es un método fundamental en Unity que se utiliza para aplicar una torsión a un objeto con un componente `Rigidbody`. El «torque» en Unity se refiere a la medida de la tendencia de un objeto a cambiar su velocidad angular, es decir, su rotación alrededor de su centro de masa.

NOTAS

Este método permite simular fuerzas rotacionales sobre un objeto en el mundo tridimensional.

Cuando se llama a `AddTorque` en un `Rigidbody`, se le pasa un vector que representa las componentes de torque en los ejes X, Y y Z. Este vector de torque se multiplica por la escala de fuerza especificada y se aplica al objeto. La aplicación de torque es impulsada por la física del motor de Unity y el resultado es una rotación realista y físicamente precisa del objeto.

El método `AddTorque` utiliza el modo de fuerza, que determina cómo se aplica el torque al objeto. El modo de fuerza puede ser tanto **Force** como **Impulse**. En el primer modo el torque se aplica gradualmente, mientras que en el segundo se aplica instantáneamente, proporcionando un cambio repentino en la rotación del objeto.

Este método es especialmente útil para simular el movimiento de objetos que giran, como la rotación de una hélice, el giro de una rueda o cualquier otro escenario en el que la rotación sea un componente esencial de la simulación.

La magnitud y la dirección del vector de torque determinan la intensidad y la dirección del giro. Puedes ajustar estos valores según sea necesario para lograr el comportamiento deseado. La variabilidad y la flexibilidad proporcionadas por `AddTorque` son muy útiles para el realismo en simulaciones físicas y juegos que implican objetos en rotación.

# 81. Haz un *script* para que un objeto se vuelva rojo cuando sube y azul cuando baja, teniendo en cuenta su velocidad (puedes usar el cubo del ejercicio anterior).

**Tiempo:** 30 minutos

```
using UnityEngine;
public class CambioColorSegunVelocidad :
MonoBehaviour
{
  private Rigidbody rb;
  private Color colorOriginal;
  public float velocidadUmbral = 1.0F;
  public Color colorSubida = Color.red;
  public Color colorBajada = Color.blue;
  void Start()
  {
    rb = GetComponent<Rigidbody>();
    colorOriginal = GetComponent<Renderer>().
    material.color;
  }
  void Update()
  {
    CambiarColorSegunVelocidad();
  }
  void CambiarColorSegunVelocidad()
  {
    //  Obtener la velocidad en el eje Y del
    //  Rigidbody
    float velocidadY = rb.velocity.y;
    //  Comparar la velocidad con la velocidad
    //  umbral
    if (Mathf.Abs(velocidadY) > velocidadUmbral)
```

NOTAS

```
            {
                // Cambiar el color según la dirección de la
                // velocidad
                if (velocidadY > 0)
                {
                    CambiarColor(colorSubida);
                }
                else
                {
                    CambiarColor(colorBajada);
                }
            }
            else
            {
                // Restaurar el color original si la
                // velocidad no supera el umbral
                CambiarColor(colorOriginal);
            }
        }
        void CambiarColor(Color nuevoColor)
        {
            // Cambiar el color del material
            GetComponent<Renderer>().material.color =
            nuevoColor;
        }
    }
```

El *script* `CambioColorSegunVelocidad` en Unity se encarga de cambiar el color de un objeto dependiendo de su velocidad en el eje Y. A continuación se analiza el código de forma detallada:

NOTAS

En el método `Start`, se inicializan las variables necesarias, como el componente `Rigidbody(rb)` y el color original del objeto. Este último se guarda para restaurarlo cuando la velocidad no supera el umbral.

En el método `Update`, se llama a la función `CambiarColorSegunVelocidad`. Esta función se encarga de determinar si la velocidad en el eje Y del objeto supera un umbral específico (`velocidadUmbral`). Si la velocidad supera este umbral, se cambia el color del objeto según la dirección de la velocidad: rojo si es positiva (ascendente) y azul si es negativa (descendente).

La función `CambiarColorSegunVelocidad` obtiene la velocidad en el eje Y (`velocidadY`) del `Rigidbody` y compara su magnitud con el umbral. Si la magnitud es mayor que el umbral, se procede a cambiar el color. Si no, se restaura el color original.

El método `CambiarColor` se encarga de modificar el color del material del objeto con el color proporcionado como argumento.

El *script* utiliza el componente `Rigidbody` para obtener información sobre la velocidad del objeto. El código es modular, ya que el cambio de color y la lógica de comparación se encuentran en funciones separadas, facilitando su comprensión y modificación. Ajustando los valores de umbral y colores, el *script* puede adaptarse a diferentes necesidades en un entorno de desarrollo de Unity.

NOTAS

## *La propiedad `velocity`*

La propiedad `velocity` en Unity es un vector tridimensional que representa la velocidad actual de un objeto en un espacio tridimensional.

Este vector encapsula la velocidad lineal del objeto en cada uno de los ejes (X, Y, Z).

A continuación, se explora detalladamente esta propiedad y su papel fundamental en la simulación de movimiento en el motor de Unity.

La propiedad `velocity` se aplica principalmente a objetos que tienen un componente `Rigidbody` adjunto. El `Rigidbody` es un componente fundamental en Unity que permite que los objetos interactúen con la física del motor. Al aplicar fuerzas y cambios de velocidad al `Rigidbody`, se controla el movimiento y la dinámica del objeto en el escenario virtual.

Cuando se accede a la propiedad `velocity` de un `Rigidbody`, se obtiene un vector que indica la velocidad actual del objeto en el espacio tridimensional. Cada componente del vector `(velocity.x, velocity.y y velocity.z)` representa la velocidad en un eje específico. Por ejemplo, si `velocity.y` es 5, significa que el objeto se está moviendo hacia arriba en el eje Y con una velocidad de cinco unidades por segundo.

El uso principal de la propiedad `velocity` radica en la simulación realista del movimiento. Al aplicar fuerzas al objeto mediante funciones como `AddForce`, se modifica la propiedad `velocity`, y Unity utiliza esta información para calcular el movimiento futuro del objeto. Además, la propiedad `velocity` se actualiza continuamente en el ciclo de físicas del motor.

NOTAS

> En escenarios de juego y simulaciones, la propiedad `velocity` es crucial para determinar cómo los objetos interactúan entre sí y con el entorno.
> Al conocer la velocidad de un objeto, se pueden implementar lógicas y comportamientos específicos, como cambiar el color del objeto basándose en su velocidad, como se mostró en un ejemplo anterior.

La precisión y la accesibilidad de la propiedad `velocity` simplifican la implementación de mecánicas de juego, animaciones y comportamientos físicos. Su uso es importante para desarrolladores que buscan crear experiencias interactivas y realistas en el entorno 3D proporcionado por Unity.

La propiedad `velocity` se integra de manera fluida con otros conceptos de física y programación en Unity, brindando a los desarrolladores un control preciso sobre el movimiento de los objetos en sus proyectos.

## 82. Haz que una cámara siempre apunte a un objeto (puedes usar el cubo del ejercicio anterior).

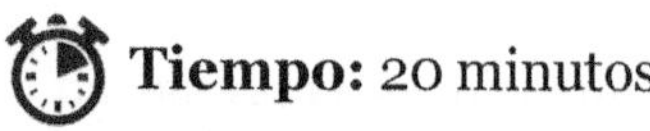

```
using UnityEngine;
public class ApuntarACamara : MonoBehaviour
{
    public Transform objetoAapuntar; //  Referencia al
    //  objeto al que la cámara debe apuntar
    void LateUpdate()
    {
        //  Verifica si el objeto a apuntar existe
        if (objetoAapuntar != null)
        {
            //  Calcula la dirección desde la cámara al
            //  objeto y rota la cámara hacia esa
            //  dirección
            transform.LookAt(objetoAapuntar);
        }
        else
        {
            Debug.LogWarning("Objeto a apuntar no
            asignado. Asigna un objeto en el inspector.");
        }
    }
}
```

`LookAt` es la forma más rápida de hacer que un objeto «apunte» o «mire» a otro. Su función principal es ajustar la rotación del objeto para que su eje Z (la dirección frontal) apunte directamente al objetivo especificado. Este método se utiliza comúnmente para que cámaras y objetos sigan o miren hacia un punto de interés en el juego.

NOTAS

Cuando se invoca el método `LookAt` en un objeto `transform`, la rotación del objeto se ajusta para que su eje Z apunte hacia la posición del objetivo en el espacio. Este proceso garantiza que el objeto tenga una orientación tal que su «cara» esté directamente alineada con el objetivo, creando la ilusión de que el objeto está mirando o apuntando hacia él.

Es importante destacar que `LookAt` es un método flexible que acepta diferentes tipos de argumentos como vectores de posición, transformaciones o incluso objetos específicos de Unity, como cámaras. Esta versatilidad permite su aplicación en una variedad de situaciones dentro de un entorno tridimensional.

Un aspecto clave de `LookAt` es que solo afecta a la rotación del objeto, no a su posición. Esto significa que el objeto cambiará su orientación para mirar hacia el objetivo sin moverse físicamente hacia él. Esta distinción es fundamental para comprender cómo se puede usar este método de manera eficaz en diversos contextos de desarrollo de juegos y simulaciones.

Además, es importante mencionar que `LookAt` puede presentar ciertos comportamientos indeseados en situaciones específicas. Por ejemplo, si el objeto está destinado a permanecer en el suelo y `LookAt` se aplica sin restricciones, el objeto podría inclinarse hacia arriba o hacia abajo, lo que puede no ser la intención del desarrollador. En tales casos, puede ser necesario considerar restricciones adicionales o

técnicas de programación más avanzadas para lograr el comportamiento deseado.

## 83. Crea un cubo que instancia otro cubo al clicar en él, y luego se destruye. El cubo instanciado debe tener el mismo comportamiento.

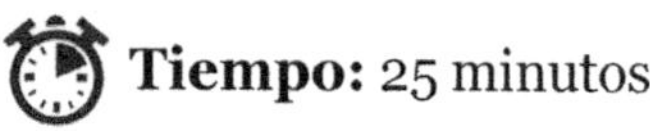

**Tiempo:** 25 minutos

```
using UnityEngine;
public class ComportamientoCubo : MonoBehaviour
{
    public GameObject prefabCubo;  //  Prefab del cubo
    //  por instanciar
    void OnMouseDown()
    {
        //  Instanciar un nuevo cubo en la misma
        //  posición y rotación que el actual
        GameObject nuevoCubo = Instantiate(prefabCubo,
        transform.position, transform.rotation);
        //  Destruir el cubo actual
        Destroy(gameObject);
    }
}
```

La clave de este ejercicio es entender el sistema de prefabs de Unity. Para resolverlo, debemos crear un cubo en la escena y añadirle el *script*. Después tenemos que convertirlo en prefab. A continuación, revisando el inspector del prefab, tenemos que enlazarlo a sí mismo. La pista de que el *script* está funcionando es que, en la jerarquía, veremos cómo se van añadiendo cadenas «(clone)» al nombre del objeto, señal de que se está instanciando una y otra vez.

Simplificando aún más el sistema, podríamos hacer lo siguiente:

```
using UnityEngine;
public class ComportamientoCubo : MonoBehaviour
{
    void OnMouseDown()
    {
        // Instanciar una copia del mismo objeto (cubo)
        // en la misma posición y rotación
        GameObject nuevoCubo = Instantiate(gameObject,
        transform.position, transform.rotation);
        // También puedes realizar ajustes adicionales
        // al nuevo objeto si es necesario
        // Destruir el objeto actual (cubo)
        Destroy(gameObject);
    }
}
```

En esta versión del código, `Instantiate` no usa un prefab, sino el propio GameObject donde está el *script*. Es decir, no clona solo prefabs, sino que sirve para clonar cualquier objeto.

> En Unity, **los prefabs** son una característica que permite la creación y reutilización eficiente de objetos en la escena. Un prefab es un modelo de objeto que puedes diseñar y configurar en el editor de Unity, y luego instanciar repetidamente en tu escena. Esta capacidad de reutilización ahorra tiempo y esfuerzo, especialmente cuando trabajas con elementos similares o idénticos en tu proyecto.

NOTAS

NOTAS

Cuando creas un prefab, estás creando un modelo maestro que puede tener todas las propiedades, componentes y configuraciones necesarias para representar un objeto específico en tu juego. Este modelo maestro se almacena en la carpeta de Prefabs de tu proyecto y puede ser arrastrado y soltado en la escena tantas veces como sea necesario.

Un aspecto clave de los prefabs es su capacidad para mantener actualizaciones en cadena. Si realizas cambios en el modelo maestro de un prefab, todos los prefabs instanciados basados en ese modelo se actualizarán automáticamente. Esto es crucial para mantener la consistencia en tu juego, ya que te permite realizar cambios en un solo lugar y ver esos cambios reflejados en todos los objetos relacionados.

La flexibilidad de los prefabs también se manifiesta en la capacidad de anidar otros prefabs dentro de ellos. Esto significa que puedes construir objetos más complejos y compuestos, utilizando diferentes prefabs como componentes. Esta modularidad facilita la organización y el mantenimiento del código y de la escena en general.

Cuando arrastras un prefab a la escena, puedes ajustar las propiedades específicas de esa instancia sin afectar al modelo maestro. Esto permite personalizar cada instancia según las necesidades particulares de tu escena o nivel, al tiempo que mantiene la coherencia general.

NOTAS

La ventaja de utilizar prefabs se hace evidente durante el desarrollo y la iteración del juego. Si decides realizar cambios en la apariencia o el comportamiento de un tipo específico de objeto, solo necesitas actualizar el modelo maestro del prefab correspondiente. Esto se traduce en una eficiencia significativa, ya que los cambios se aplican automáticamente a todas las instancias del prefab en tu escena.

Otra característica práctica es la posibilidad de instanciar prefabs mediante programación en tiempo de ejecución. Esto es útil cuando necesitas generar objetos dinámicamente durante el juego, como enemigos, elementos coleccionables u otros elementos que no están presentes desde el principio.

Por último, los prefabs proporcionan una forma estructurada y fácil de reutilizar elementos, manteniendo la coherencia y facilitando la iteración durante el desarrollo del juego. Su capacidad para actualizar en cadena y su flexibilidad en la configuración los convierten en una herramienta indispensable para desarrolladores que buscan optimizar su flujo de trabajo y mantener un código organizado.

## 84. Aumenta o disminuye la intensidad de una luz con la rueda del ratón.

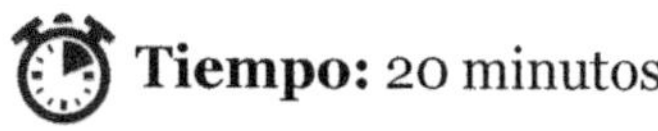

**Tiempo:** 20 minutos

```
using UnityEngine;
public class ControlIntensidadLuz : MonoBehaviour
{
    public Light luz;
    private float intensidadActual;
    public float velocidadCambio = 1.0F;
    void Update()
    {
        float scrollWheelInput = Input.GetAxis("Mouse
        ScrollWheel");
        intensidadActual += scrollWheelInput *
        velocidadCambio;
        intensidadActual = Mathf.Max(intensidadActual,
        0.0F);
        luz.intensity = intensidadActual;
    }
}
```

Desglosemos cada parte:

El *script* comienza con la declaración de variables. La variable `luz` es una referencia a un componente de luz en Unity, mientras que `intensidadActual` almacena la intensidad actual de la luz. Por su parte, la variable `velocidadCambio` determina a qué velocidad cambia la intensidad en respuesta al desplazamiento de la rueda del ratón.

La función `Update` se ejecuta en cada fotograma. Dentro de esta función, se utiliza `Input.GetAxis("Mouse ScrollWheel")` para obtener el cambio en la rueda del ratón. Este valor se almacena en la variable `scrollWheelInput`.

NOTAS

A continuación, se actualiza la `intensidadActual` sumando el valor de `scrollWheelInput` multiplicado por la `velocidadCambio`. Esto ajusta la intensidad de la luz según el desplazamiento de la rueda del ratón.

Posteriormente, se utiliza `Mathf.Max` para asegurarse de que la intensidad nunca sea menor que cero. Esto previene que la intensidad sea negativa, ya que no tiene sentido en el contexto de una luz en Unity.

Finalmente, se asigna la `intensidadActual` a la propiedad `intensity` del componente de luz (`luz`). Esto actualiza la intensidad de la luz en la escena de Unity, proporcionando un efecto visual en tiempo real en respuesta al movimiento de la rueda del ratón.

En Unity, `Mathf` es una clase que proporciona funciones matemáticas útiles para realizar operaciones comunes en el desarrollo de juegos. Dentro de esta clase, `Max` es un método específico que devuelve el valor más grande entre dos números proporcionados como argumentos.

> La función `Mathf.Max` se emplea para asegurarse de que el valor resultante sea siempre igual o mayor al valor especificado. En el contexto del código proporcionado, `Mathf.Max` se utiliza para evitar que la intensidad de la luz sea menor que `0`.

Cuando se utiliza `Mathf.Max(a, b)`, el resultado será el valor más grande entre `a` y `b`. Si `a` es mayor que `b`, la función devolverá `a`; de lo contrario, devolverá `b`.

NOTAS

Este enfoque se utiliza comúnmente en programación para evitar valores no deseados o situaciones ilógicas. En el caso del código mencionado, garantiza que la intensidad de la luz no se vuelva negativa debido al ajuste con la rueda del ratón.

Por su parte, `Mathf` es una biblioteca de funciones matemáticas que proporciona operaciones comunes, como funciones trigonométricas, exponenciales, de redondeo y de interpolación, entre otras.

## 85. Crea un contador de clics y muestra el número en la UI.

**Tiempo:** 20 minutos

```
using UnityEngine;
using UnityEngine.UI;
public class ContadorClicks : MonoBehaviour
{
    public Text textoContador;
    private int contadorClicks = 0;
    void Start()
    {
        ActualizarTextoContador();
    }
    void Update()
    {
        // Verificar si se hizo clic con el botón
        // izquierdo del ratón
        if (Input.GetMouseButtonDown(0))
        {
            IncrementarContador();
            ActualizarTextoContador();
        }
    }
```

NOTAS

```
void IncrementarContador()
{
    contadorClicks++;
}
    void ActualizarTextoContador()
{
    if (textoContador != null)
    {
        textoContador.text = "Clicks: " + contador
        Clicks.ToString();
    }
}
}
```

En el método Start, se inicializa el contador de clics y se llama a la función ActualizarTextoContador para configurar el texto inicial.

En el método `Update`, se verifica continuamente si se ha hecho clic con el botón izquierdo del ratón utilizando `Input.GetMouseButtonDown(0)`. Si se ha hecho clic, se llama a la función `IncrementarContador` para aumentar el contador y luego se llama a `ActualizarTextoContador` para reflejar el cambio en el texto.

La función `IncrementarContador` simplemente incrementa el valor de la variable `contadorClicks` cada vez que se llama.

La función `ActualizarTextoContador` toma el valor actual de `contadorClicks` y lo muestra en un objeto de texto de Unity (`Text`). Se utiliza la variable `textoContador` para referenciar el objeto de texto, y el texto se actualiza con el formato «Clicks: [número de clics]».

## 86. Imprime por consola la posición del puntero del ratón en la pantalla.

**Tiempo:** 20 minutos

```
using UnityEngine;
public class PosicionRaton : MonoBehaviour
{
void Update()
   {
      // Obtener la posición del ratón en píxeles
      Vector3 posicionRaton = Input.mousePosition;
      // Imprimir la posición en la consola
      Debug.Log("Posición del ratón: " + posicion
      Raton);
   }
}
```

`Input.mousePosition` es una función en Unity que devuelve la posición actual del puntero del ratón en píxeles. Este vector de tres componentes representa las coordenadas (X, Y, Z) del puntero en relación con la esquina inferior izquierda de la pantalla, donde (0, 0) es la esquina inferior izquierda y (`Screen.width`, `Screen.height`) es la esquina superior derecha.

Además de `Input.mousePosition`, Unity proporciona varias utilidades relacionadas con el ratón para interactuar con la entrada del usuario. La clase `Input` tiene métodos y propiedades que permiten acceder a diferentes aspectos de la entrada del ratón.

`Input.GetMouseButtonDown(int button)` es un método que devuelve `true` en el primer cuadro en el que se detecta el clic del ratón en el botón especificado. El argumento `button` representa el botón del ratón, donde `0`

NOTAS

es el botón izquierdo, 1 es el botón derecho y 2 es el botón central.

`Input.GetMouseButtonUp(int button)` es similar a `GetMouseButtonDown`, pero devuelve `true` en el primer cuadro en el que se detecta que el botón del ratón especificado se ha soltado.

`Input.GetMouseButton(int button)` devuelve `true` mientras se mantiene presionado el botón del ratón especificado.

Estos métodos permiten detectar interacciones del usuario con los botones del ratón y emprender acciones en consecuencia. Por ejemplo, se pueden utilizar para implementar lógica de clic en objetos, selección de elementos en una interfaz de usuario o cualquier interacción basada en clics del ratón.

Además, Unity proporciona información sobre el desplazamiento del ratón a través de `Input.GetAxis("Mouse X")` e `Input.GetAxis("Mouse Y")`. Estos métodos devuelven el movimiento relativo del ratón en los ejes X e Y, respectivamente. Esto puede ser útil para implementar cámaras que respondan al movimiento del ratón o cualquier otra función que requiera seguimiento del movimiento del ratón.

Las utilidades de ratón en Unity, como `Input.mousePosition`, `Input.GetMouseButtonDown`, `Input.GetMouseButtonUp`, `Input.GetMouseButton` e `Input.GetAxis`, proporcionan una forma poderosa de interactuar con la entrada del ratón y crear experiencias de usuario interactivas y receptivas en aplicaciones y juegos. Estas funciones permiten detectar clics, seguimiento de movimientos y otras interacciones del usuario con el ratón.

## 87. Haz que un cubo sea más rojo cuanto más cerca esté de la cámara.

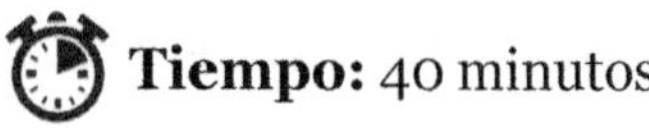

**Tiempo:** 40 minutos

```
using UnityEngine;
public class CambiarColorCubo : MonoBehaviour
{
    public Transform cámaraTransform;
    public float distanciaMáxima = 10F;
    public Color colorBase = Color.white;
    public Color colorCercano = Color.red;
    private Renderer rend;
    void Start()
    {
        rend = GetComponent<Renderer>();
    }
    void Update()
    {
        //  Calcula la distancia entre el cubo y la
        //  cámara
        float distancia = Vector3.Distance(transform.
        position, cámaraTransform.position);
        //  Interpola entre el color base y el color
        //  cercano según la distancia
        Color colorActual = Color.Lerp(colorBase,
        colorCercano, Mathf.Clamp01(distancia /
        distanciaMáxima));
        //  Aplica el color al material del cubo
        rend.material.color = colorActual;
    }
}
```

Se declaran variables públicas para ajustar en el inspector, como la transformación de la cámara, la distancia máxima a la que se aplicará el color y los colores base y cercano. Además, se declara una variable privada `rend` para almacenar la referencia al componente `Renderer` del cubo.

NOTAS

En el método `Start`, se asigna la referencia del componente `Renderer` del cubo a la variable `rend` utilizando GetComponent<Renderer>(). Esto se hace una vez al inicio del *script*.

En el método `Update`, se calcula la distancia entre el cubo y la cámara utilizando `Vector3.Distance` y se almacena en la variable `distancia`.

Se utiliza `Mathf.Clamp01` para asegurarse de que la fracción `(distancia/distanciaMáxima)` esté en el rango `[0,1]`.

Se utiliza `Color.Lerp` para interpolar suavemente entre `colorBase` y `colorCercano` basándose en la fracción calculada. Esto determina el color actual del cubo.

Finalmente, se aplica este color al material del cubo a través de `rend.material.color`.

## La clase `Color` en Unity

La clase `Color` en Unity representa colores en el espacio RGBA (rojo, verde, azul, alfa), donde cada componente está en el rango de `0` a `1`. Proporciona varias utilidades para manipular colores y es ampliamente utilizada en el desarrollo de juegos para controlar la apariencia visual de objetos y escenarios.

A continuación, se explican algunas de las utilidades clave de la clase `Color`.

El método `Color.Lerp` es una función de interpolación lineal que toma dos colores y un parámetro `t` que varía entre `0` y `1`. Devuelve un nuevo color que representa una

NOTAS

mezcla lineal entre los dos colores originales según el valor de `t`. Este método es útil para realizar transiciones suaves entre dos colores. Por ejemplo, `Color.Lerp(Color.red, Color.blue, t)` devolverá un color que varía desde rojo hasta azul a medida que `t` cambia de `0` a `1`.

Otra función importante de la clase `Color` es `Color.RGBToHSV`, que convierte un color de formato RGB a formato HSV (tono, saturación, valor). Esta conversión es útil cuando se necesita trabajar con colores de una manera más intuitiva, especialmente en el contexto de ajustes visuales basados en el tono o la saturación.

`Color.HSVToRGB` realiza la operación inversa, convirtiendo un color de formato HSV a formato RGB. Estas conversiones permiten manipular colores en términos de su matiz, saturación y brillo, proporcionando un control más intuitivo sobre las propiedades cromáticas.

Además, `Color.Lerp` y otras funciones de interpolación pueden combinarse con propiedades de la clase `Color` como `color.a` para controlar la transparencia (alfa) de un color. Al manipular el componente alfa, se pueden lograr efectos de fundido o transiciones suaves de opacidad.

La propiedad `Color32` es una variante de `Color` que utiliza enteros de ocho bits sin signo para representar los componentes de color, lo que puede ser más eficiente en términos de almacenamiento y manipulación en ciertos casos.

## 88. Crea dos escenas y permite que se pueda cambiar de una a otra. Crea un AudioSource en la primera escena y haz que la música siga sonando al cambiar de escena, pero que no se duplique.

**Tiempo:** 60 minutos

```
using UnityEngine;
using UnityEngine.SceneManagement;
public class MusicManager : MonoBehaviour
{
  private static MusicManager instance;
  void Start()
  {
    //  Verificar si ya existe una instancia de
    //  MusicManager
    if (instance != null && instance != this)
    {
      //  Destruir este objeto si ya hay una
      //  instancia
      Destroy(gameObject);
      return;
    }
    //  Mantener este objeto entre las escenas
    DontDestroyOnLoad(gameObject);
    //  Asignar la instancia actual
    instance = this;
  }
}
```

Este *script* asegura que solo haya una instancia del objeto AudioManager entre las escenas y evita que se duplique al cambiar de escena. Puesto que ya hemos visto en otros ejercicios cómo cambiar de escena, no es necesario que añadamos

NOTAS

el código de nuevo. En nuestro caso, este *script* debería estar situado en el objeto que tiene el `AudioSource`.

El **patrón de diseño Singleton** es una solución a un problema común en programación: la necesidad de garantizar que una clase tenga solo una instancia y proporcionar un punto de acceso global a ella desde cualquier punto del programa.

En su implementación básica, un Singleton tiene un constructor privado, lo que significa que no se puede instanciar directamente desde fuera de la clase. En cambio, la clase proporciona un método estático para obtener la única instancia existente. Si la instancia aún no existe, se crea; de lo contrario, se devuelve la instancia existente.

El Singleton es útil en situaciones donde una única instancia de una clase debe coordinar acciones en todo el programa, como en el caso de administradores, conexiones a bases de datos o controladores de eventos.

A continuación, se describen algunos aspectos claves del patrón Singleton:

- *Constructor privado*: El constructor de la clase Singleton se declara como privado, lo que impide que se instancie directamente desde fuera de la clase.
- *Instancia única*: La clase `Singleton` generalmente contiene una variable estática privada que almacena la única instancia de la clase.
- *Método de acceso*: Se proporciona un método estático público, a menudo llamado `GetInstance()` o similar, que devuelve la instancia única de la clase. Este método crea la instancia si aún no existe y la retorna.

NOTAS

*(continuación...)*

- *Control de acceso concurrente*: En entornos de programación concurrente, es importante tener en cuenta la creación de instancias duplicadas. Se pueden emplear técnicas como bloqueo de hilos (*thread-locking*) o inicialización perezosa (*lazy initialization*) para gestionar la concurrencia y garantizar la unicidad de la instancia.
- *Desventajas*: Aunque el Singleton proporciona un acceso global y controla la instanciación de la clase, puede introducir acoplamiento en el código y dificultar las pruebas unitarias. Además, se debe tener cuidado al trabajar con entornos de concurrencia, ya que las implementaciones incorrectas pueden causar problemas de rendimiento o bloqueos.

El patrón de diseño Singleton es una herramienta poderosa para garantizar que una clase tenga solo una instancia y proporcionar acceso global a ella. Su implementación adecuada es crucial para mantener la coherencia y evitar problemas potenciales. Se debe considerar cuidadosamente si el uso de un Singleton es la mejor opción, ya que, en algunos casos, puede haber alternativas más flexibles y menos acopladas.

NOTAS

## 89. Haz que dos objetos se intercambien los nombres cuando colisionan.

**Tiempo:** 30 minutos

```
using UnityEngine;
public class IntercambioNombres : MonoBehaviour
{
  private void OnCollisionEnter(Collision collision)
  {
    // Verificar si la colisión involucra otro
    // objeto
    if (collision.gameObject != null)
    {
      // Intercambiar nombres
      string nombreObjetoActual = gameObject.name;
      string nombreObjetoColision = collision.
      gameObject.name;
      // Asignar los nombres intercambiados
      gameObject.name = nombreObjetoColision;
      collision.gameObject.name =
      nombreObjetoActual;
      // Imprimir información en la consola
      // (puedes omitir esto si no lo necesitas)
      Debug.Log($"Nombres intercambiados:
      {nombreObjetoActual} y
      {nombreObjetoColision}");
    }
  }
}
```

La clase `Collision` en Unity es fundamental para gestionar la información relacionada con colisiones entre objetos en un entorno tridimensional. Cada vez que dos objetos con Colliders asociados colisionan, Unity genera una instancia de la clase `Collision` y la pasa a los métodos de manejo de colisiones definidos en los *scripts* adjuntos a esos objetos.

NOTAS

Un objeto de tipo `Collision` proporciona una variedad de datos sobre la colisión, permitiendo a los desarrolladores acceder a información crucial. Uno de los aspectos más importantes es el *array* de `ContactPoint`, que almacena detalles sobre los puntos de contacto entre los Colliders de los objetos involucrados. Cada `ContactPoint` contiene información sobre la posición y la normal en el punto de contacto, así como detalles adicionales como el Collider del objeto contrario.

Además de los puntos de contacto, la clase `Collision` también ofrece métodos para recuperar información sobre los Colliders involucrados directamente. Los métodos `GetContact`, `GetContacts` y `GetContactCount` facilitan la obtención de datos detallados sobre la colisión, lo que es importante para comprender cómo interactúan los objetos en el momento de la colisión.

Un aspecto importante de la clase Collision es su capacidad para distinguir entre colisiones enteras y salidas. Para manejar estas situaciones, se emplean los métodos `OnCollisionEnter`, `OnCollisionStay` y `OnCollisionExit` en los *scripts* de Unity. Estos métodos se activan cuando un objeto ingresa en una colisión, permanece en ella o sale de ella, respectivamente.

Es crucial destacar que la clase `Collision` se utiliza principalmente en situaciones en las que se requiere información detallada sobre la colisión. En muchos casos, los desarrolladores pueden optar por usar el evento de colisión `OnCollisionEnter` y acceder a la información de colisión directamente sin necesidad de almacenarla en un objeto `Collision`. Sin embargo, cuando se necesitan datos más avanzados o se trabaja con múltiples colisiones simultáneas, la clase `Collision` se convierte en una herramienta poderosa.

La clase `Collision` en Unity es una herramienta para el desarrollo de juegos y aplicaciones tridimensionales, ya que proporciona acceso a información detallada sobre colisiones, permitiendo a los desarrolladores crear comportamientos específicos basados en la interacción física entre objetos en el entorno virtual.

## 90. Crea cinco cubos. Cada cubo debe corresponderse con los números 1 al 5. Al pulsar uno de esos números, el cubo correspondiente aumenta en 0.1 su escala en Y. Usa solo un *script* para todos los cubos.

**Tiempo:** 30 minutos

```
using UnityEngine;
public class EscalarCubo : MonoBehaviour
{
   void Update()
   {
      //  Detectar el número pulsado
      if (Input.GetKeyDown(KeyCode.Alpha1))
      {
         EscalarCuboPorNumero(1);
      }
      else if (Input.GetKeyDown(KeyCode.Alpha2))
      {
         EscalarCuboPorNumero(2);
      }
      else if (Input.GetKeyDown(KeyCode.Alpha3))
      {
         EscalarCuboPorNumero(3);
      }
      else if (Input.GetKeyDown(KeyCode.Alpha4))
      {
         EscalarCuboPorNumero(4);
      }
      else if (Input.GetKeyDown(KeyCode.Alpha5))
      {
         EscalarCuboPorNumero(5);
      }
   }
```

NOTAS

```
    void EscalarCuboPorNumero(int numero)
    {
        // Buscar el cubo correspondiente
        GameObject cubo = GameObject.Find("Cubo" +
        numero);
        // Aumentar la escala en Y
        if (cubo != null)
        {
            Vector3 nuevaEscala = cubo.transform.
            localScale;
            nuevaEscala.y += 0.1F;
            cubo.transform.localScale = nuevaEscala;
        }
    }
}
```

Este *script* en C# utiliza Unity para escalar cubos en el eje Y cuando se presionan las teclas numéricas del 1 al 5. A continuación, se explica paso a paso:

- **`using UnityEngine;`**: Esta línea indica que el *script* utiliza el espacio de nombres de Unity.
- **`public class EscalarCubo: MonoBehaviour`**: Define una clase llamada `EscalarCubo` que hereda de `MonoBehaviour`, la clase base para los *scripts* de Unity.
- **`void Update()`**: Este método se llama en cada fotograma. Aquí se detecta si se presionan las teclas numéricas.
- **`if (Input.GetKeyDown(KeyCode.Alpha1))`**: Verifica si la tecla numérica 1 es presionada.
- **`EscalarCuboPorNumero(1);`**: Si se presiona la tecla 1, se llama a la función **`EscalarCuboPorNumero`** con el argumento 1.

NOTAS

*(continuación...)*

- **`void EscalarCuboPorNumero(int numero)`**: Este método toma un número como argumento, que representa el número de tecla presionada.
- **`GameObject cubo=GameObject.Find("Cubo"+numero);`**: Busca un objeto con el nombre «Cubo» seguido del número recibido como argumento. Por ejemplo, si `numero` es `1`, buscará un objeto llamado «`Cubo1`».
- **`if (cubo != null)`**: Verifica si se encontró un objeto con el nombre específico.
- **`Vector3 nuevaEscala = cubo.transform.localScale;`**: Obtiene la escala actual del cubo.
- **`nuevaEscala.y += 0.1F;`**: Aumenta el componente Y de la escala en `0.1` unidades.
- **`cubo.transform.localScale=nuevaEscala;`**: Aplica la nueva escala al cubo.

El *script* utiliza funciones de Unity para detectar la entrada del teclado (`Input.GetKeyDown`) y modificar propiedades de objetos en la escena (`GameObject.Find`, `transform.localScale`).

## 91. Escribe un *script* que imprima por consola el número de objetos que haya en la pantalla cada vez que se pulse la tecla espaciadora.

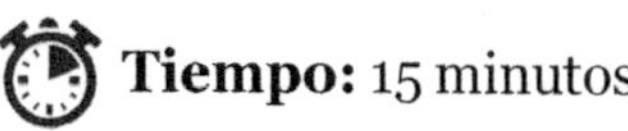

```
using UnityEngine;
public class ContadorObjetos : MonoBehaviour
{
  void Update()
  {
    // Detectar si la tecla Espacio ha sido
    // presionada
    if (Input.GetKeyDown(KeyCode.Space))
    {
      // Obtener todos los objetos en la escena
      GameObject[] objetos = GameObject.
      FindObjectsOfType<GameObject>();
      // Contar y mostrar el número de objetos
      int cantidadObjetos = objetos.Length;
      Debug.Log("Número de objetos en la pantalla:
      " + cantidadObjetos);
    }
  }
}
```

En este código se ha implementado un mecanismo para realizar un seguimiento y contar la cantidad de objetos presentes en la escena de Unity cuando el usuario presiona la tecla espaciadora. La funcionalidad clave se encuentra dentro del método `Update`, que se ejecuta en cada fotograma del juego.

En la primera parte de este método, se utiliza la función `Input.GetKeyDown(KeyCode.Space)` para detectar si

NOTAS

la tecla de espacio ha sido presionada en ese fotograma específico. En caso afirmativo, se procede a buscar todos los objetos de tipo `GameObject` en la escena mediante la función `GameObject.FindObjectsOfType<GameObject>()`. Esta función devuelve un *array* que contiene referencias a todos los objetos de tipo `GameObject` presentes en la escena.

Posteriormente, se determina la cantidad de objetos en la escena obteniendo la longitud del *array* recién creado, lo cual se logra mediante `objetos.Length`. Este número se almacena en la variable `cantidadObjetos`.

Finalmente, se utiliza la función `Debug.Log` para imprimir en la consola un mensaje informativo que indica el número de objetos en la escena, utilizando la variable `cantidadObjetos` para proporcionar esta información específica.

## 92. Haz que un objeto que sale por la parte derecha de la pantalla entre por la izquierda y viceversa (como los asteroides y la nave del mítico Asteroids).

 **Tiempo:** 30 minutos

```
using UnityEngine;
public class MovimientoObjeto : MonoBehaviour
{
    public float limiteDerecho  = 5F;
    public float limiteIzquierdo= -5F;
    void Update()
    {
        if (transform.position.x > limiteDerecho  )
```

NOTAS

```
        {
            transform.position = new
            Vector3(limiteIzquierdo, transform.position.y,
            transform.position.z);
        }
        if (transform.position.x < limiteIzquierdo  )
        {
            transform.position = new Vector3(limite
            Derecho, transform.position.y, transform.
            position.z);
        }
    }
}
```

La línea `transform.position = new Vector3(limiteIzquierdo, transform.position.y, transform.position.z);` recoloca el objeto en el límite izquierdo de la pantalla, manteniendo su posición en los ejes Y y Z.

La palabra «new» es imprescindible porque necesitamos crear un nuevo `Vector3` para asignarlo a la posición del `Transform` con el que estamos trabajando. La estructura «position» del `Transform` no nos permite modificar solo uno de sus valores *float*, sino que debemos crear un `Vector3` y asignarlo de golpe.

La **palabra clave «new»** en programación, (particularmente en lenguajes orientados a objetos como C#) desempeña un papel fundamental al crear instancias de objetos. En esencia, «new» reserva memoria para un nuevo objeto y devuelve una referencia a ese objeto recién creado. Este proceso de creación de instancias es una de las claves para la programación orientada a objetos, donde estos son instancias de clases que definen su estructura y comportamiento.

NOTAS

Cuando utilizamos «new» estamos solicitando al sistema que asigne espacio en memoria para almacenar los datos y el estado de un objeto. Esta operación es vital porque permite la creación de objetos dinámicamente durante la ejecución del programa. Cada vez que se utiliza «new», se inicia un proceso de inicialización del objeto, ejecutando el constructor de la clase correspondiente.

El concepto de «new» se relaciona estrechamente con el paradigma de la programación orientada a objetos, donde los programas se estructuran en torno a clases y objetos. Una clase sirve como un plano o plantilla para la creación de objetos, y «new» es la palabra clave que materializa ese plano al instanciar un objeto concreto basado en esa clase. La relación entre clases y objetos es fundamental para la encapsulación, la herencia y el polimorfismo, pilares básicos de la programación orientada a objetos.

> Al utilizar «new», se invoca el constructor de la clase, que es un método especial responsable de la inicialización del objeto. El constructor define cómo se configuran los miembros del objeto y cómo se establece su estado inicial. Así, «new» no solo reserva memoria, sino que también configura el objeto de acuerdo con las especificaciones de su clase. Este proceso es crucial para garantizar que el objeto esté en un estado coherente y utilizable desde el momento de su creación.

En lenguajes como C#, el uso de «new» no se limita únicamente a la creación de instancias de clases, sino que también se extiende a la creación de matrices y tipos primitivos. Al crear un nuevo objeto de matriz o asignar un nuevo valor a un tipo de datos primitivo utilizando «new», se sigue el mismo

NOTAS

principio de asignación de memoria y, en el caso de las matrices, la inicialización de elementos según el tipo de datos.

Es importante destacar que el uso de «new» implica responsabilidades adicionales, como la liberación de la memoria asignada cuando el objeto ya no es necesario. En lenguajes de programación gestionados, como C#, el recolector de basura se encarga de la gestión automática de la memoria, eliminando la necesidad de que el programador se preocupe explícitamente por la liberación de recursos. Sin embargo, comprender la implicación de «new» en términos de gestión de memoria es útil para escribir código eficiente y evitar posibles problemas de fuga de memoria.

## 93. Haz un objeto que avance hacia la cámara mientras la cámara no lo ve.

**Tiempo:** 25 minutos

```
using UnityEngine;
public class AvanceHaciaCamara : MonoBehaviour
{
  public float velocidad = 5F;
  public Transform camaraTransform; // Variable para
  //  almacenar el transform de la cámara
  void Update()
  {
    //  Si el objeto no es visible para la cámara,
    //  avanza hacia ella
    if (!GetComponent<Renderer>().isVisible)
    {
      AvanzarHaciaCamara();
    }
  }
```

NOTAS

```
    void AvanzarHaciaCamara()
    {
        //  Mueve el objeto hacia el transform de la
        //  cámara
        transform.Translate((camaraTransform.position
        - transform.position).normalized * velocidad *
        Time.deltaTime);
    }
}
```

Cuando uses la propiedad `isVisible` de `Renderer`, debes tener en cuenta que la cámara de la escena de Unity también se considera a efectos de si el objeto es visible o no. Por lo tanto, tienes que asegurarte para probar este *script* de que no ves el objeto ni en el panel de juego (Game) ni en el de escena (Scene).

La línea de código `transform.Translate((camaraTransform.position - transform.position).normalized * velocidad * Time.deltaTime);` sirve para el movimiento del objeto hacia la posición de la cámara cuando no es visible. Vamos a desglosar esta línea en sus componentes claves para una comprensión más detallada.

En primer lugar, `(camaraTransform.position - transform.position)` representa el vector que apunta desde la posición del objeto actual (`transform.position`) hasta la posición de la cámara (`camaraTransform.position`). Este vector indica la dirección desde el objeto hacia la cámara en el espacio tridimensional.

Al aplicar el método `normalized` a este vector, estamos normalizando la dirección, convirtiéndola en un vector unitario. Un vector unitario tiene una longitud de `1` unidad y conserva solo la dirección original. Esto es importante para

NOTAS

garantizar que el objeto se desplace a una velocidad constante independientemente de la distancia entre el objeto y la cámara.

Posteriormente, multiplicamos este vector unitario por la velocidad (`velocidad`) del objeto. Esto determina la cantidad de desplazamiento en cada eje (X, Y, Z) en el espacio tridimensional. La velocidad controla la rapidez con la que el objeto se desplaza hacia la cámara.

Finalmente, el producto resultante se multiplica por `Time.deltaTime`. Esta corrección de tiempo asegura que el movimiento sea suave y consistente en diferentes plataformas, independientemente de las variaciones en el rendimiento del sistema. `Time.deltaTime` representa el tiempo transcurrido desde el último fotograma y se utiliza para ajustar la velocidad en función del rendimiento del sistema.

La línea de código completa se traduce en el desplazamiento del objeto hacia la posición de la cámara. Al calcular y normalizar el vector de dirección, multiplicar por la velocidad y ajustar según el tiempo transcurrido, garantizamos un movimiento fluido y constante hacia la cámara cuando el objeto no es visible en la pantalla.

## 94. Haz que una esfera siga al ratón. La cámara debe estar en `Z=-10` y la esfera en `Z=0`.

**Tiempo:** 30 minutos

```
using UnityEngine;
public class SeguirRaton : MonoBehaviour
{
  void Update()
  {
    // Obtener la posición del ratón en el
    // espacio tridimensional
    Vector3 posicionRaton = ObtenerPosicionRaton();
    // Establecer la posición de la esfera en el
    // mismo plano Z, pero siguiendo al ratón en
    // los ejes X e Y
    transform.position = new
    Vector3(posicionRaton.x, posicionRaton.y, 0F);
  }
  Vector3 ObtenerPosicionRaton()
  {
    // Obtener la posición del ratón en píxeles
    // desde la esquina inferior izquierda
    Vector3 posicionMousePixels = Input.
    mousePosition;
    // Convertir la posición del ratón de píxeles a
    // un punto en el espacio tridimensional
    Vector3 posicionRaton = Camera.
    main.ScreenToWorldPoint(new
    Vector3(posicionMousePixels.x,
    posicionMousePixels.y, 10));
    return posicionRaton;
  }
}
```

Desglosemos las partes del *script*.

- La línea `Vector3 posicionRaton = Camera.main.ScreenToWorldPoint(new Vector3(posicionMousePixels.x, posicionMousePixels.y, 10));` cumple un papel crucial, al convertir las coordenadas del ratón en píxeles en un punto en el espacio tridimensional. Vamos a desglosar esta línea para entender sus componentes claves.
- En primer lugar, `posicionMousePixels` representa la posición del ratón en términos de píxeles desde la esquina inferior izquierda de la pantalla. Este vector contiene las coordenadas X e Y del ratón en la pantalla.
- El constructor `new Vector3(posicionMousePixels.x, posicionMousePixels.y, 10)` crea un nuevo vector en el espacio tridimensional. Aquí, `posicionMousePixels.x` y `posicionMousePixels.y` se utilizan para definir las coordenadas X e Y del nuevo vector, respectivamente. El valor `10` se proporciona como la coordenada Z del nuevo vector, que representa la profundidad en el espacio tridimensional. En este caso, se utiliza un valor fijo de `10`, pero podrías ajustarlo según tus necesidades.
- Finalmente, `Camera.main.ScreenToWorldPoint` toma este vector de coordenadas en píxeles y lo transforma en un punto en el espacio tridimensional en relación con la cámara principal (`Camera.main`). Este método considera la posición y la orientación de la cámara para realizar la conversión precisa. El resultado se asigna a la variable `posicionRaton`.

NOTAS

*(continuación...)*

- La función `ScreenToWorldPoint` de la clase `Camera` en Unity es una herramienta fundamental para convertir coordenadas de pantalla en puntos en el espacio tridimensional de la escena. Esta función tiene en cuenta la posición y la orientación de la cámara, permitiendo una conversión precisa y útil cuando se necesita correlacionar posiciones en la pantalla con ubicaciones específicas en la escena tridimensional.
- Por su parte, la función `WorldToScreenPoint` realiza la operación inversa al convertir puntos en el espacio tridimensional en coordenadas en píxeles en la pantalla. Esto resulta útil para tareas como proyectar objetos en la pantalla o determinar la posición de un objeto en relación con la pantalla.
- La función `ScreenPointToRay` es especialmente útil para interacciones basadas en rayos, como selecciones con el ratón. Crea un rayo en el espacio tridimensional que se origina en la cámara y pasa a través de un punto especificado en la pantalla. Este rayo puede utilizarse para detectar intersecciones con objetos en la escena.
- Además, las funciones `ViewportToWorldPoint` y `WorldToViewportPoint` permiten la conversión entre coordenadas de vista y coordenadas del mundo. **La primera** transforma una posición en coordenadas de vista a un punto en el mundo, mientras que **la segunda** realiza la operación inversa, proporcionando flexibilidad al trabajar con coordenadas en diferentes espacios.

## 95. Haz que el color de fondo de la cámara cambie de forma progresiva y aleatoria.

**Tiempo:** 50 minutos

```
using UnityEngine;
using System.Collections;
public class CambioColorFondo : MonoBehaviour
{
  public Camera mainCamera;
  public float duracionTransicion = 2F;
  private Color colorObjetivo;
  void Start()
  {
    // Inicia el cambio de color cuando comienza el
    // script
    CambiarColorFondo();
  }
  void CambiarColorFondo()
  {
    // Genera un nuevo color aleatorio
    colorObjetivo = new Color(Random.value, Random.
    value, Random.value, 1F);
    // Inicia la transición de color utilizando
    // Lerp
    StartCoroutine(TransicionColorFondo
    (colorObjetivo));
  }
  IEnumerator TransicionColorFondo(Color colorFinal)
  {
    float tiempoInicio = Time.time;
    Color colorInicial = mainCamera.backgroundColor;
    while (Time.time - tiempoInicio <
    duracionTransicion)
    {
      // Interpola linealmente entre el color
      // inicial y el color final
      mainCamera.backgroundColor = Color.
      Lerp(colorInicial, colorFinal, (Time.time -
      tiempoInicio) / duracionTransicion);
      yield return null;
    }
```

```
            // Asegura que el color final sea exacto al
            // final de la transición
            mainCamera.backgroundColor = colorFinal;
            // Inicia el próximo cambio de color
            CambiarColorFondo();
        }
    }
```

NOTAS

Veamos su estructura:

- En primer lugar, se establecen variables públicas, como **mainCamera** para referenciar la cámara principal y **duracionTransicion** para determinar la velocidad del cambio de color.
- El método **Start** se ejecuta al inicio del *script* y llama a la función **CambiarColorFondo** para iniciar el cambio de color.
- La función **CambiarColorFondo** genera un nuevo color aleatorio (`colorObjetivo`) utilizando valores RGB entre `0` y `1`.
- Se inicia una transición de color mediante la corrutina **TransicionColorFondo**, que utiliza `Color.Lerp` para interpolar linealmente entre el color actual de fondo de la cámara y el nuevo color aleatorio.
- La corrutina utiliza un bucle **while** para actualizar gradualmente el color de fondo en cada fotograma, asegurando que la transición se realice durante el tiempo especificado en `duracionTransicion`.
- Una vez que se alcanza el tiempo de transición, el color de fondo se ajusta exactamente al color final (**colorFinal**). Luego se reinicia el proceso llamando a `CambiarColorFondo`, generando así un nuevo color aleatorio y repitiendo el ciclo.

Este *script* utiliza corrutinas para gestionar eficientemente la transición gradual del color de fondo, lo que permite cambios visuales continuos y aleatorios en la cámara. Puedes ajustar la duración de la transición y otras configuraciones según tus necesidades específicas.

La línea de código `while (Time.time-tiempoInicio<duracionTransicion)` está asociada con la implementación de una transición gradual de color en el *script*.

Ahora, desglosaremos esta línea paso a paso:

- En primer lugar, **`Time.time`** devuelve el tiempo transcurrido en segundos desde el inicio de la ejecución del juego. Este valor es continuamente actualizado en cada fotograma y se utiliza para medir el progreso temporal.
- La variable **`tiempoInicio`** se inicializa con el valor actual de **`Time.time`** al comienzo de la transición de color. Esta variable representa el tiempo en el que se inició la transición.
- La expresión **`Time.time-tiempoInicio`** calcula la diferencia entre el tiempo actual y el momento en que comenzó la transición. Esta diferencia representa la cantidad de tiempo transcurrido desde el inicio de la transición.

NOTAS

*(continuación...)*

- La comparación **`Time.time - tiempoInicio < duracionTransicion`** evalúa si el tiempo transcurrido es menor que la duración total de la transición (`duracionTransicion`). En otras palabras, esta condición verifica si la transición aún no ha alcanzado su duración total.
- El bucle **`while`** continuará ejecutándose mientras esta condición sea verdadera, lo que significa que la transición de color seguirá actualizándose gradualmente en cada fotograma hasta que se alcance o supere la duración total especificada.

**`Color.Lerp`** es una función en Unity diseñada para realizar interpolación lineal entre dos colores. La **interpolación lineal** implica la creación de un color que se encuentra en algún punto intermedio entre dos colores dados. La función toma tres argumentos principales: el color inicial, el color final y un parámetro de interpolación (`t`).

El **primer** argumento representa el color desde el cual se inicia la interpolación, mientras que el **segundo** argumento es el color hacia el cual se dirige la interpolación. El **tercer** argumento, `t`, es un factor de interpolación que determina la posición relativa del color resultante entre los colores inicial y final.

Cuando `t` es `0`, el color resultante es idéntico al color inicial. Si `t` es `1`, el color resultante es igual al color final. Para valores de `t` entre `0` y `1`, `Color.Lerp` produce un color que es una mezcla ponderada de los colores inicial y final, dependiendo de la posición de `t` en ese rango.

Esta función es comúnmente utilizada en gráficos por computadora y desarrollo de juegos para suavizar transiciones visuales, como cambios de color, animaciones y efectos de transición. Al proporcionar una transición suave y continua entre colores, `Color.Lerp` es una herramienta valiosa para crear experiencias visuales atractivas y fluidas en entornos interactivos tridimensionales como Unity.

## 96. Crea un *script* que modifique la gravedad de la escena cada vez que se pulsan los cursores. La flecha de cada cursor indica la dirección de la gravedad.

**Tiempo:** 30 minutos

```
using UnityEngine;
public class ModificarGravedad : MonoBehaviour
{
  public float intensidadGravedad = 9.8F;
  void Update()
  {
    //  Detectar las teclas de flecha
    if (Input.GetKeyDown(KeyCode.UpArrow))
    {
      ModificarDireccionGravedad(Vector3.up);
    }
    else if (Input.GetKeyDown(KeyCode.DownArrow))
    {
      ModificarDireccionGravedad(Vector3.down);
    }
    else if (Input.GetKeyDown(KeyCode.LeftArrow))
    {
      ModificarDireccionGravedad(Vector3.left);
    }
```

NOTAS

```
        else if (Input.GetKeyDown(KeyCode.RightArrow))
        {
            ModificarDireccionGravedad(Vector3.right);
        }
    }
    void ModificarDireccionGravedad(Vector3 direccion)
    {
        //  Aplicar la nueva dirección de gravedad
        Physics.gravity = intensidadGravedad *
        direccion;
        //  Rotar el objeto para indicar la dirección de
        //  la gravedad
        transform.up = direccion;
    }
}
```

`Physics.gravity` es una propiedad en Unity que representa el vector de gravedad global en una escena tridimensional. Esta propiedad determina la dirección y la intensidad de la fuerza gravitatoria que afecta a todos los objetos físicos en la escena. Modificar `Physics.gravity` permite controlar cómo los objetos responden a la gravedad en el entorno del juego.

La clase `Physics` en Unity proporciona diversas utilidades para simular y gestionar aspectos físicos en un juego. Por ejemplo, `Physics.Raycast` permite realizar un rayo en la escena y detectar colisiones, lo que es útil para funciones como selecciones de objetos o disparos. `Physics.RaycastAll` y `Physics.RaycastNonAlloc` ofrecen variaciones que devuelven múltiples colisiones a lo largo del rayo.

Otras funciones notables incluyen `Physics.SphereCast`, que simula colisiones con objetos que tienen un

NOTAS

volumen esférico en lugar de solo un punto, y `Physics.OverlapSphere`, que encuentra colisiones dentro de una esfera definida en la escena. `Physics.IgnoreCollision` permite que dos Colliders eviten colisiones entre sí, y `Physics.CheckSphere` verifica colisiones dentro de una esfera sin necesidad de un rayo.

Finalmente, `Physics.Linecast` verifica colisiones entre dos puntos específicos en el espacio. Estas utilidades son básicas para desarrollar comportamientos realistas y respuestas físicas en juegos y simulaciones dentro del entorno Unity.

## 97. Crea dos capas (*layers*) para cubos y esferas y crea algunos cubos y esferas con sus correspondientes capas. Deja las capas desactivadas en la propiedad Culling Mask de la cámara. Luego haz un *script* que active y desactive la capa de los cubos pulsando la tecla C y la de las esferas pulsando la tecla E.

**Tiempo:** 90 minutos

```
using UnityEngine;
public class CambiarCapaCullingMask : MonoBehaviour
{
  void Update()
  {
    // Activar/desactivar capa "cubos" al pulsar la
    // tecla C
    if (Input.GetKeyDown(KeyCode.C))
    {
      CambiarEstadoCapa("Cubos");
    }
```

NOTAS

```
    //  Activar/desactivar capa "esferas" al pulsar
    //  la tecla E
    if (Input.GetKeyDown(KeyCode.E))
    {
      CambiarEstadoCapa("Esferas");
    }
  }
  void CambiarEstadoCapa(string nombreCapa)
  {
    //  Obtener el índice de la capa por nombre
    int capaIndex = LayerMask.
    NameToLayer(nombreCapa);
    //  Obtener el valor actual de Culling Mask de
    //  la cámara
    int cullingMaskActual = Camera.main.cullingMask;
    //  Verificar si la capa está actualmente activa
    bool capaActiva = ((1 << capaIndex) &
    cullingMaskActual) != 0;
    //  Cambiar el estado de la capa en Culling Mask
    if (capaActiva)
    {
      Camera.main.cullingMask &= ~(1 << capaIndex);
    }
    else
    {
      Camera.main.cullingMask |= (1 << capaIndex);
    }
    //  Mostrar el estado actual por consola
    Debug.Log($"La capa {nombreCapa} ahora está
    {(capaActiva ? "desactivada" : "activada")}");
  }
}
```

Es preciso hacer unas apreciaciones:

- La línea de código **`int cullingMaskActual = Camera.main.cullingMask;`** se utiliza para obtener el valor actual de la propiedad `cullingMask` de la cámara principal en Unity. Esta propiedad se refiere a las distintas capas que podemos utilizar para el renderizado de las cámaras, y puedes verlas como si fuesen capas de Photoshop aplicadas a la cámara de Unity.
- La **máscara de *culling*** determina qué capas de objetos son visibles y renderizables por una cámara en una escena. Cada bit en el valor de `cullingMask` representa una capa, y si el bit está activo (`1`), la capa correspondiente está incluida en la máscara, lo que significa que la cámara renderizará objetos pertenecientes a esa capa.
- Al asignar **`Camera.main.cullingMask`** a la variable `cullingMaskActual`, se almacena el estado actual de la máscara de *culling* de la cámara principal. Esta acción es relevante cuando se pretende modificar la máscara, ya que permite realizar cambios y, si es necesario, revertir a la configuración original más adelante.
- La línea de código **`bool capaActiva = ((1 << capaIndex) & cullingMaskActual) != 0;`** tiene como propósito determinar si una capa específica está activa en la máscara de *culling* actual de la cámara. Para entender esto, es útil descomponer la expresión y comprender cómo opera.

NOTAS

*(continuación...)*

- La expresión **`1<< capaIndex`** realiza un desplazamiento de bits a la izquierda, creando un valor binario con un bit activo (`1`) en la posición correspondiente a la capa identificada por `capaIndex`. Este valor se utiliza como una máscara para una sola capa.
- Luego, la expresión **`((1<<capaIndex) & cullingMaskActual)`** realiza una operación lógica AND a nivel de bits entre la máscara recién creada y el valor actual de la máscara de *culling* (`cullingMaskActual`). El resultado de esta operación será distinto de cero si la capa identificada por `capaIndex` está activa en la máscara de *culling* actual.
- Finalmente, la comparación **`!=0`** evalúa si el resultado de la operación AND es diferente de cero, asignando este resultado a la variable booleana `capaActiva`. En otras palabras, `capaActiva` será `true` si la capa está activa y `false` si está inactiva en la máscara de *culling*.

Es decir, esta línea determina de manera booleana si una capa específica está activa en la máscara de *culling* actual de la cámara, proporcionando una base para decidir si activar o desactivar dicha capa en el proceso de manipulación de la máscara.

La línea de código `Camera.main.cullingMask&= ~(1<<capaIndex);` tiene como objetivo desactivar una capa específica en la máscara de *culling* de la cámara principal en Unity. Para entender esto, es necesario descomponer la expresión y comprender su lógica:

NOTAS

- Primero, **`1<<capaIndex`** realiza un desplazamiento de bits a la izquierda, creando una máscara que tiene un bit activo (`1`) en la posición correspondiente a la capa identificada por `capaIndex`. Esta máscara representa la capa específica que se desea desactivar en la máscara de *culling*.
- Luego, **`~(1<<capaIndex)`** utiliza el operador de complemento a nivel de bits (~) para invertir todos los bits de la máscara recién creada. Esto da como resultado una máscara que tiene todos los bits activos (`1`) excepto en la posición de la capa identificada por `capaIndex`, donde el bit se vuelve inactivo (`0`).
- Finalmente, **`Camera.main.cullingMask &= ~(1<<capaIndex);`** utiliza el operador AND a nivel de bits (`&=`) para aplicar la máscara invertida a la máscara de *culling* actual de la cámara principal. Este paso tiene el efecto de desactivar la capa específica, ya que cualquier bit activo en la posición de la capa se vuelve inactivo, manteniendo la activación de las demás capas.

Por el contrario, la línea `Camera.main.cullingMask|=(1<<capaIndex);` lo que hace es activar la capa utilizando el razonamiento inverso. Para ello utiliza el operador `OR` a nivel de bits. Por ejemplo, la expresión `a |= b;` es equivalente a `a = a | b;` y se utiliza para combinar los bits de las variables `a` y `b` a través de la operación `OR`, y luego asigna el resultado a la variable `a`.

## 98. Añade un **SphereCollider** a una luz de tipo point. Haz que el radio del Collider sea igual al rango de la luz. Haz que el rango de la luz aumente si se pulsa el botón izquierdo del ratón y disminuya si se pulsa el derecho.

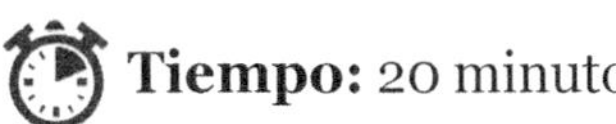

**Tiempo:** 20 minutos

```
using UnityEngine;
public class ControlDeLuz : MonoBehaviour
{
   private Light puntoDeLuz;
   private SphereCollider colliderDeLuz;
   void Start()
   {
      // Obtener la componente Light y agregar un
      // SphereCollider
      puntoDeLuz = GetComponent<Light>();
      colliderDeLuz = gameObject.
      AddComponent<SphereCollider>();
      // Ajustar el radio del SphereCollider al rango
      // de la luz
      colliderDeLuz.radius = puntoDeLuz.range;
   }
   void Update()
   {
      // Aumentar el rango si se pulsa el botón
      // izquierdo del ratón
      if (Input.GetMouseButtonDown(0))
      {
         puntoDeLuz.range += 1F;
         colliderDeLuz.radius = puntoDeLuz.range;
      }
      // Disminuir el rango si se pulsa el botón
      // derecho del ratón
      if (Input.GetMouseButtonDown(1))
```

NOTAS

```
        {
            // Asegurarse de que el rango no sea
            // negativo
            puntoDeLuz.range = Mathf.Max(0F, puntoDeLuz.
            range - 1F);
            colliderDeLuz.radius = puntoDeLuz.range;
        }
    }
}
```

En Unity, el método `AddComponent` es una función que te permite agregar dinámicamente un componente a un GameObject en tiempo de ejecución. Esto es especialmente útil cuando necesitas asignar un comportamiento o funcionalidad adicional a un objeto durante la ejecución del juego.

Cuando llamas a `AddComponent` debes proporcionar el tipo de componente que deseas agregar como argumento. Este puede ser tanto uno de los componentes predeterminados de Unity como otros personalizados que hayas creado.

Por ejemplo, si tienes un `GameObject` y deseas agregar un componente `SphereCollider` a ese objeto en tiempo de ejecución, puedes hacerlo llamando a `AddComponent<SphereCollider>()`. Esto creará y adjuntará un nuevo componente `SphereCollider` al GameObject.

NOTAS

Este enfoque de agregar componentes dinámicamente proporciona una flexibilidad significativa durante el desarrollo del juego, ya que puedes modificar y extender la funcionalidad de tus objetos en respuesta a eventos o condiciones específicas. Es importante tener en cuenta que el método `AddComponent` puede ser utilizado para agregar componentes tanto en el editor de Unity como en tiempo de ejecución en *scripts*.

El operador `+=` es un operador de asignación con operación, y su función principal es sumar el valor de la derecha al valor de la izquierda y luego asignar el resultado a la variable de la izquierda. En otras palabras, `a += b;` es equivalente a `a = a + b;`. Este operador es especialmente útil para actualizar el valor de una variable acumulativamente.

De manera similar, existen operadores parecidos para otras operaciones aritméticas, como `-=` para la resta, `*=` para la multiplicación y `/=` para la división. Estos operadores realizan la operación correspondiente y actualizan el valor de la variable de la izquierda con el resultado.

Por ejemplo, si tienes una variable `total` y deseas agregar un valor a esa variable, puedes usar `total += nuevoValor;`. Esto es más conciso que escribir `total = total + nuevoValor;` y es una práctica común en programación.

Estos operadores de asignación con operación no solo son más cortos, sino que también pueden mejorar la legibilidad del código, especialmente cuando estás realizando operaciones repetitivas sobre una variable. Sin embargo, es importante comprender que estos operadores realizan tanto la operación aritmética como la asignación en un solo paso.

## 99. Genera un triángulo desde código.

**Tiempo:** 90 minutos

```
using UnityEngine;
public class GeneradorTriangulo : MonoBehaviour
{
  void Start()
  {
    // Crear un nuevo GameObject llamado
    // "Triangulo"
    GameObject triangulo = new
    GameObject("Triangulo");
    // Agregar un componente MeshFilter para
    // definir la geometría del triángulo
    MeshFilter meshFilter = triangulo.
    AddComponent<MeshFilter>();
    Mesh mesh = new Mesh();
    meshFilter.mesh = mesh;
    // Definir los vértices del triángulo
    Vector3[] vertices = new Vector3[]
    {
      new Vector3(0, 0, 0),
      new Vector3(1, 0, 0),
      new Vector3(0.5F, 1, 0)
    };
    // Asignar los vértices al mesh
    mesh.vertices = vertices;
    // Definir los índices de los triángulos (en
    // este caso, solo un triángulo)
    int[] triangulos = new int[] { 0, 1, 2 };
    // Asignar los triángulos al mesh
    mesh.triangles = triangulos;
    // Calcular las normales para el shading
    mesh.RecalculateNormals();
    // Agregar un componente MeshRenderer para que
    // el triángulo sea visible
```

```
        MeshRenderer meshRenderer = triangulo.
        AddComponent<MeshRenderer>();

        //  Crear un material simple y asignarlo al
        //  MeshRenderer

        Material material = new Material(Shader.
        Find("Standard"));

        meshRenderer.material = material;

    }
}
```

NOTAS

Vamos a estudiar esto:

- Primero, en el método **Start**, se crea un nuevo GameObject llamado «Triangulo» utilizando la clase `GameObject` de Unity. Este objeto actuará como contenedor para nuestro triángulo.
- Luego, se agrega un componente **MeshFilter** al GameObject utilizando la clase `MeshFilter`. Un `MeshFilter` se utiliza para definir la geometría del *mesh* (malla) del objeto. Se crea una nueva instancia de la clase `Mesh` y se asigna al componente `MeshFilter` mediante `meshFilter.mesh=mesh;`.
- A continuación, se definen los **vértices del triángulo** en un *array* de `Vector3`. Este último representa la posición tridimensional de un vértice en el espacio. En este caso, los vértices forman un triángulo en el plano XY.
- Los vértices se asignan al *mesh* utilizando **`mesh.vertices=vertices;`**. Luego se definen los índices de los triángulos en otro *array*. En este caso, se tiene un único triángulo definido por los vértices `0`, `1` y `2`. Estos índices se asignan al *mesh* mediante `mesh.triangles=triangulos;`.

NOTAS

*(continuación...)*

- Después, se llama a **`mesh.RecalculateNormals();`** para calcular las normales del *mesh*.

Las **normales** son vectores perpendiculares a las caras de la malla y son claves para el cálculo de la iluminación y el sombreado en Unity.

A continuación sería preciso hacer lo siguiente:

- Se agrega un componente **`MeshRenderer`** al GameObject utilizando la clase `MeshRenderer`. El `MeshRenderer` se encarga de renderizar el *mesh* en la escena.
- Se crea un nuevo material básico utilizando la clase **`Material`** de Unity, y se le asigna un *shader* estándar utilizando `Shader.Find("Standard")`. Este material se asigna al `MeshRenderer` mediante `meshRenderer.material=material;`. El uso del *shader* estándar proporciona una apariencia simple al triángulo.
- La línea **`int[] triangulos=new int[]{0,1,2};`** es una declaración e inicialización de un *array* de enteros llamado `triangulos`. En este contexto, estamos definiendo los índices de los vértices que formarán un triángulo en un modelo 3D en Unity.

NOTAS

*(continuación...)*

En el *array*, cada número entero representa un índice de vértice en el modelo tridimensional. En este caso específico, los índices son `{0, 1, 2}`, lo que significa que estamos definiendo un triángulo con tres vértices. Los índices están en orden, lo que indica que conectamos el vértice `0` con el vértice `1`, y luego el vértice `1` con el vértice `2`, y finalmente el vértice `2` con el vértice `0`, cerrando así el triángulo.

Estos índices son muy importantes para la representación de la geometría del modelo en Unity. Cuando asignamos este *array* al componente `Mesh` del objeto, Unity utiliza estos índices para determinar cómo conectar los vértices y formar las caras del triángulo en el espacio tridimensional.

La línea `mesh.RecalculateNormals();` se utiliza para recalcular las normales de la malla (*mesh*) asociada al componente `MeshFilter` del GameObject.

El método `RecalculateNormals()` analiza la geometría de la malla y determina los vectores normales apropiados para cada vértice y cara. Estos vectores normales son esenciales para el proceso de renderizado, ya que influyen en cómo la luz interactúa con la superficie del objeto, afectando a su apariencia visual.

NOTAS

En el contexto de la creación de un triángulo en Unity, después de definir los vértices y los triángulos, llamamos a `RecalculateNormals()` para asegurarnos de que las normales se calculen correctamente según la geometría específica del triángulo. Este paso es crucial para lograr un sombreado adecuado y una apariencia visual realista del objeto en la escena del juego.

Lo que acabamos de hacer se llama **generación procedimental o por procedimientos** (muchas veces también se usa el término «procedural», copiando la palabra directamente del inglés, *procedural generation*.

## 100. Genera un plano desde código (usando dos triángulos).

 **Tiempo:** 45 minutos

```
using UnityEngine;
public class GeneradorPlano : MonoBehaviour
{
  void Start()
  {
    //  Crear un nuevo GameObject llamado "Plano"
    GameObject plano = new GameObject("Plano");
    //  Agregar un componente MeshFilter para
    //  definir la geometría del plano
    MeshFilter meshFilter = plano.
    AddComponent<MeshFilter>();
    Mesh mesh = new Mesh();
    meshFilter.mesh = mesh;
    //  Definir los vértices del plano
    Vector3[] vertices = new Vector3[]
```

NOTAS

```
    {
        new Vector3(0, 0, 0),
        new Vector3(1, 0, 0),
        new Vector3(0, 0, 1),
        new Vector3(1, 0, 1),
    };
    // Asignar los vértices al mesh
    mesh.vertices = vertices;
    // Definir los índices de los triángulos para
    // formar el plano con dos triángulos
    int[] triangulos = new int[]
    {
        0, 2, 1, // Triángulo 1
        2, 3, 1, // Triángulo 2
    };
    // Asignar los triángulos al mesh
    mesh.triangles = triangulos;
    // Calcular las normales para el shading
    mesh.RecalculateNormals();
    // Agregar un componente MeshRenderer para que
    // el plano sea visible
    MeshRenderer meshRenderer = plano.
    AddComponent<MeshRenderer>();
    // Crear un material simple y asignarlo al
    // MeshRenderer
    Material material = new Material(Shader.
    Find("Standard"));
    meshRenderer.material = material;
  }
}
```

NOTAS

El **orden de los vértices** en un triángulo tiene una gran importancia en gráficos 3D, ya que determina la dirección en la cual apunta la normal del triángulo. La normal, como ya adelanté, es un vector perpendicular a la superficie del triángulo, y su dirección indica hacia dónde «apunta» el triángulo en el espacio tridimensional.

Cuando los gráficos 3D se renderizan, la iluminación y el sombreado se calculan utilizando las normales de las caras. La dirección de la normal influye en cómo interactúa la luz con la superficie del objeto, afectando a la apariencia visual.

> El orden de los vértices se determina generalmente en uno de dos sentidos: **horario** (en el sentido de las agujas del reloj) o **antihorario** (en sentido contrario a las agujas del reloj). Este orden define si la normal del triángulo apunta hacia afuera o hacia adentro del objeto. En la mayoría de los casos, se utiliza el orden antihorario para que las normales apunten hacia afuera, es decir, hacia el exterior del objeto.

Cuando las normales apuntan hacia afuera, los cálculos de iluminación y sombreado se realizan de manera más intuitiva. Además, en el contexto del *culling* (eliminación de caras no visibles), los motores gráficos pueden descartar más fácilmente las caras traseras, ya que se espera que la normal apunte hacia afuera.

Por lo tanto, en el momento de definir el orden de los vértices al crear geometría 3D, hay que tener en cuenta la coherencia en la orientación de las normales para lograr renderizaciones visuales correctas y consistentes.

Desde este punto, puedes intentar crear un cubo procedimentalmente..., pero eso es un ejercicio para el que ya no necesitas un libro con soluciones, ¿verdad?

# REFERENCIAS BIBLIOGRÁFICAS

Para complementar este libro puedes recurrir a la siguiente documentación *online*:

**Documentación oficial de la API de Unity**:

https://docs.unity3d.com/ScriptReference/

https://docs.unity3d.com/Manual/index.html

**Documentación oficial de C#**:

https://learn.microsoft.com/en-us/dotnet/csharp/

Además, existe una serie de recursos extremadamente valiosos para el desarrollador de videojuegos y aplicaciones interactivas con Unity:

**Sobre programación**:

Patrones de diseño: https://refactoring.guru/es/design-patterns/catalog

Introducción a la programación procedimental: https://gamedevacademy.org/procedural-2d-maps-unity-tutorial/

**Sobre desarrollo de videojuegos**:

Listado de recursos para desarrolladores: https://github.com/Kavex/GameDev-Resources?tab=readme-ov-file

Repositorios OpenSource de Unity: https://github.com/Unity-Technologies

Repositorios públicos de juegos de la comunidad de Oniria World: https://gitlab.com/oniricos

# RECURSOS

**Foros**

Game Development: https://gamedev.stackexchange.com/

Unity Spain (actualmente más activo en Telegram): http://www.unityspain.com

**Canales**:

Canal de Youtube de Freya Holmér: https://www.youtube.com/@Acegikmo

Canal de Youtube de Guinxu: https://www.youtube.com/@Guinxu

**Game Jams**:

Son eventos creativos de creación rápida de videojuegos, típicamente en 48 horas. Perfectos para comenzar a practicar y publicar de forma amateur.

Global Game Jam: https://globalgamejam.org/

Ludum Dare: https://ludumdare.com/

**Comunidades**:

Oniria World, la comunidad de cKolmos narrative, mi estudio: https://oniria.world/comunidad_/

Game Developer (antigua Gamasutra): https://www.gamedeveloper.com/

# CONTENIDOS EXTRA

Si te ha gustado este libro y quieres profundizar un poco más en la programación mediante Unity, te invito a descargarte una serie de contenidos extra que podrás encontrar en el código QR que adjunto justo abajo.

Por otra parte, si has adquirido este libro en Amazon, me ayudaría muchísimo que te tomases unos segundos para votarme con estrellas. Desde ya, mi sincero agradecimiento por tu tiempo.